Début d'une série de documents en couleur

PHILOSOPHIE DE SAINT THOMAS

LA CONNAISSANCE

Par M. J. GARDAIR, Professeur libre de Philosophie

A LA FACULTÉ DES LETTRES DE PARIS, A LA SORBONNE

PARIS

P. LETHIELLEUX, LIBRAIRE-ÉDITEUR

10, RUE CASSETTE, 10

P. LETHIELLEUX, 10, rue Cassette, PARIS

BIBLIOTHÈQUE PHILOSOPHIQUE

François Bacon, par M. Georges-L. FONSEGRIVE, de l'Université de Paris.
Beau volume in-12, *orné d'un portrait. Broché,* **3 50,** *relié* . . **4 25**

Auguste Comte, fondateur du Positivisme, **sa vie, sa doctrine**, par le R. P. GRUBER, de la Compagnie de Jésus. Précédé d'une préface par M. OLLÉ-LAPRUNE, maître de Conférences à l'Ecole normale.
Beau volume in-12, *orné d'un portrait. Broché,* **3 50,** *relié* . . **4 25**

Le Positivisme depuis Comte jusqu'à nos jours, par le R. P. GRUBER, de la Compagnie de Jésus.
Beau volume in-12, *broché,* **3 50,** *relié*. **4 25**

Corps et Ame, par M. J. GARDAIR, professeur libre de philosophie à la Faculté de Lettres de Paris, à la Sorbonne.
Beau volume in-12, *broché,* **3 50,** *relié*. **4 25**

Les Passions et la Volonté, par M. J. GARDAIR, professeur libre de philosophie à la Faculté des Lettres de Paris, à la Sorbonne.
Beau volume in-12, *broché,* **3 50,** *relié*. **4 25**

La Connaissance, par M. J. GARDAIR, professeur libre de philosophie à la Faculté des Lettres de Paris, à la Sorbonne.
Beau volume in-12, *broché,* **3 50,** *relié*. **4 25**

La Liberté. — Historique du problème au XIX° siècle, par M. l'abbé C. PIAT, agrégé de philosophie, professeur à l'Institut catholique de Paris.
Beau volume in-12, *broché,* **3 50,** *relié*. **4 25**

La Liberté. — Problème, par M. l'abbé C. PIAT, agrégé de philosophie, professeur à l'Institut catholique de Paris.
Beau volume in-12, *broché,* **3 50,** *relié*. **4 25**

Kant, par le R. P. T. PESCH, de la Compagnie de Jésus. Traduit de l'allemand.
Beau volume in-12, *broché,* **3 50,** *relié*. **4 25**

L'Homme, par M. Saint-Georges MIVART. Traduit de l'anglais, préface par M. SEGOND, professeur honoraire de philosophie au collège Stanislas, à Paris.
Beau volume in-12, *broché,* **3 50,** *relié*. **4 25**

Philosophie morale, par le R. P. G. DE PASCAL, missionnaire apostolique.
Beau volume in-12, *broché,* **3 50,** *relié*. **4 25**

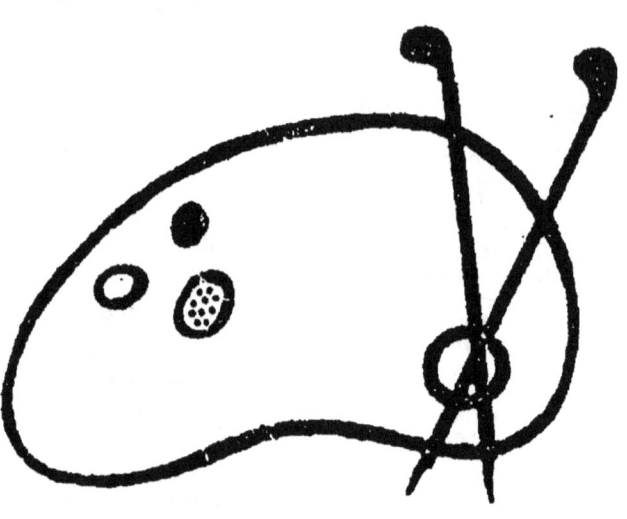

Fin d'une série de documents en couleur

LA CONNAISSANCE

PHILOSOPHIE DE SAINT THOMAS

LA CONNAISSANCE

Par M. J. **GARDAIR**, Professeur libre de Philosophie

A LA FACULTÉ DES LETTRES DE PARIS, A LA SORBONNE

PARIS
P. LETHIELLEUX, LIBRAIRE-ÉDITEUR

10, RUE CASSETTE, 10

1895

Tous droits réservés.

I

LA THÉORIE
DE LA CONNAISSANCE

LA THÉORIE
DE LA CONNAISSANCE

INTRODUCTION

Portée de ce cours libre de philosophie. — Sujet des leçons de cette année. — Cette leçon préliminaire 1° rappellera les conclusions précédentes, 2° y rattachera la théorie de la connaissance.

Le cours qui se continue cette année est un cours libre de philosophie.

Cours libre, c'est-à-dire cours indépendant, qui n'est point obligé de s'astreindre à suivre les programmes ordinaires ; qui peut, au contraire, s'ouvrir une libre carrière dans le domaine qu'il s'est tracé, et proposer une doctrine étrangère aux entraînements de l'opinion régnante.

Cours de philosophie, et non pas seulement d'histoire de la philosophie ; car notre intention n'est pas uniquement d'exposer un système ancien, mais encore de chercher, dans une philosophie où est ramassé harmonieusement tout ce que la tradition intellectuelle de l'humanité a élaboré de plus profond et de plus fort, des inspirations pour la solution des problèmes qui ont de tout temps, comme de nos jours, sollicité la noble curiosité des penseurs.

Nous étudierons cette année la théorie de la connaissance d'après saint Thomas.

Avant d'examiner de près ce sujet, il me paraît utile de montrer qu'il découle naturellement de l'étude que nous avons faite l'année dernière.

Je voudrais donc, dans cet entretien préliminaire: d'abord, rappeler les principales conclusions que déjà nous avons posées; puis, faire voir, par un aperçu de cette seconde série de leçons, qu'elle est le développement normal de la première.

I

DIEU, L'UNIVERS ET L'HOMME.

I. — Matière et forme : êtres matériels et êtres immatériels. — Dieu, Être absolu et parfait. — L'esprit pur, l'homme, l'animal, la plante, les corps inorganiques.
II. — Conclusions contre l'hégélianisme, l'évolutionnisme, le matérialisme, le spiritualisme exagéré.

I. — La racine de toute la philosophie de saint Thomas est la théorie de la matière et de la forme.

La matière est, en toute rigueur, ce qui est en puissance et ce qui n'est qu'en puissance, c'est-à-dire un élément de devenir, sans être par elle-même un élément d'être. La forme est par elle-même un élément d'être.

Or, il y a des êtres matériels et des êtres immatériels.

Les êtres matériels sont ceux qui viennent à l'être par l'union d'une matière, élément de devenir, et d'une forme déterminante, élément d'être.

Les êtres immatériels sont par le simple appel à l'existence de leur forme d'être, indépendamment de tout élément de devenir autre que leur essence même.

Nous parlons des êtres créés. Mais toutes les créatures doivent leur première origine à l'Être absolu, dont l'essence même est d'être par soi et en soi. En lui donc point de matière, bien qu'il soit la cause première de toute matière ; en lui pas de forme limitant l'être : il est l'Être plein, parfait, source entière et première de l'être.

De cette source l'être créé coule avec gradation. D'abord, des créatures immatérielles, d'autant plus parfaites qu'elles sont plus près du Créateur. Au-dessous d'elles, l'homme, créature mixte, dont la substance complète est composée de matière et de forme indépendante : nous disons indépendante, mais non séparée. Dans l'homme la forme est séparable, mais sa forme séparée n'est pas l'homme même ; elle n'en est que l'élément supérieur. La forme humaine est vraiment une âme, un principe né pour animer une matière, en faire un corps vivant.

Au-dessous de l'homme est la bête. En elle la forme, non seulement n'est pas séparée, mais n'est pas séparable, parce qu'elle n'a pas de *subsistance* en elle-même : ce qui subsiste, c'est l'animal ; son âme n'est que le principe actif de sa *subsistance* et de ses opérations. Néanmoins, cette âme donne à l'être complet qu'elle forme avec la matière, une activité instinctive qui rappelle l'activité humaine, sans l'égaler. La bête a en elle des représentations lumineuses de ce qui l'entoure ; elle se passionne, jouit et souffre ; elle se meut manifestement elle-même. Mais aucun de ses actes ne révèle une intelligence de l'absolu, un amour du bien universel : ces opérations élevées et souveraines sont l'apanage de l'homme.

A un degré inférieur, la plante. Ici l'activité baisse ; le mouvement est plus dépendant de l'extérieur ; aucune apparence de lumière, pas d'autre genre d'inclination certain que cette impulsion native dont toute créature est douée pour tendre à sa fin. Et cependant, il reste ici une sorte de prise de possession sur la nature environnante : la plante s'assimile les éléments de la terre et de l'atmosphère, elle en fait un aliment de son corps, une matière de formation et d'accroissement pour ses organes.

Au dernier échelon de la nature matérielle,

sont les corps inorganiques. Ils sont inertes, mais non pas exclusivement inertes ; ils ont des forces, qui sont leurs qualités actives, et par lesquelles ils agissent les uns sur les autres. Car nous aussi nous disons : « Il n'existe pas de matière sans force, il n'y a pas de force sans matière », en désignant sous ce nom de force les forces physiques et chimiques.

II. — Les vérités que nous venons de condenser dans ce résumé rapide, sont directement opposées à plusieurs erreurs capitales, qu'il importe aujourd'hui plus que jamais de combattre.

Vous connaissez, par exemple, ce système que la rêveuse Allemagne, avec son Hegel, a eu le singulier mérite, sinon d'inventer, du moins de rééditer avec beaucoup de soin. A l'origine primordiale de tout serait, non pas l'être plein, mais plutôt l'être vide, autrement dit le *non-être*, qui, sous l'impulsion du *devenir*, est fait l'être concret, source de tous les êtres.

Avec saint Thomas nous avons dit : Dieu, l'Être tout en acte, l'acte pur sans mélange de devenir, est la cause créatrice de tout ce qui n'est pas lui, y compris l'élément purement poentiel, principe de devenir, la matière première.

D'après l'évolutionnisme, les natures d'êtres de plus en plus parfaites que manifeste l'histoire de l'univers, ne seraient que des transformations successives, soumises à des lois régulières, d'une seule nature qui a le pouvoir de se développer elle-même, depuis l'atome le plus élémentaire jusqu'à l'homme inclusivement, et plus tard peut-être jusqu'à d'autres êtres supérieurs à l'homme.

Avec saint Thomas nous avons osé dire : Dieu a pu, en créant les premiers corps, poser en eux des forces latentes, des causes séminales qui, à tels moments de la durée de l'univers et dans telles circonstances prévues par lui, produiraient des êtres d'espèces différentes, même de genres divers. Mais l'homme n'a pu sortir tout entier d'une telle évolution, parce que son âme pensante et aimante ne peut dépendre dans son origine d'une transformation matérielle, pas plus qu'elle ne dépend de la matière dans sa *subsistance* actuelle. Ici Dieu a dû intervenir directement par un nouvel acte créateur.

L'âme, assure-t-on ailleurs, n'est qu'un mot abstrait, commode pour désigner un groupe de phénomènes et de fonctions. L'âme humaine, par exemple, pourrait se définir : l'ensemble des fonctions du cerveau humain. Il est visible, en effet, que toute l'intelligence et toute la volonté propres de l'homme sont des fonctions physiologiques de la matière cérébrale du corps organisé qui est nous-mêmes.

Non, avons-nous répondu d'avance avec saint Thomas, l'âme n'est pas une simple abstraction; c'est une réalité, un principe réel de vie. Quant à l'âme humaine, ses opérations ne sont pas toutes dépendantes de la matière : l'intelligence du vrai et l'amour du bien ont besoin, pour s'exercer, du concours des facultés sensitives dont le cerveau est l'organe, mais en eux-mêmes ces actes sont radicalement indépendants de l'organisme. Donc l'âme, principe fondamental de ces opérations proprement intellectuelles, a sa *subsistance* propre, sa spiritualité radicale, que la désorganisation du corps ne pourra entamer.

Vous avez raison, nous disent des philosophes plus respectables. L'âme humaine est une substance indépendante. C'est elle vraiment qui est l'homme, le corps n'est que le lieu où elle agit, son instrument, l'appareil organisé dont elle se sert; si bien qu'après la mort, l'homme demeure tout entier, et son âme plus libre n'en est que plus vivante de sa vie d'entendement et de volonté.

Avec saint Thomas, nous avons calmé l'enthousiasme de ces amis imprudents. L'homme, avons-nous déclaré, est vraiment une substance à la fois corporelle et incorporelle, dans son unité composée. L'âme seule n'est pas l'homme, non plus que le corps seul. Ce qui est l'homme, c'est le tout naturel formé de corps et d'âme, et plus profondément encore c'est la substance une et mixte à la fois que constitue, avec la matière première, un principe subsistant qui avec elle fait à la fois un être corporel vivant, sentant et pensant.

La mort sépare les deux éléments de cet être, et l'âme séparée ne peut plus avoir, sans le corps, une vie intellectuelle assez complète qu'avec un secours spécial de Dieu, suppléant dans une certaine mesure ce qui lui manque : secours naturel, car Dieu donne naturellement à sa créature ce qui lui est nécessaire pour vivre.

Telles sont les principales vérités que nous avons établies, sur la constitution des êtres, particulièrement de l'être humain. Vous aurez remarqué le grand rôle que joue dans ce tableau l'intelligence, note caractéristique de la dignité de notre nature. Nous allons voir comment une théorie générale de la connaissance, dans laquelle l'intelligence proprement dite est partie principale, est le développement rationnel de la doctrine que nous avons esquissée jusqu'ici.

II

LA CONNAISSANCE.

I. — Moins un être est matériel, plus il est connaissant. Application de ce principe à Dieu, à l'esprit pur, à l'homme, à l'animal.
II. — Description sommaire de la manière dont se forme la connaissance chez l'homme.

I. — La matière est un principe de limitation, dans les êtres constitués de forme et de matière. En s'incorporant dans la matière, la forme, principe d'être spécifique, perd son universalité pour prendre une individualité restreinte.

Or, la connaissance est une extension de l'être au-delà de sa propre individualité. Le connaissant, outre ce qu'il est, a quelque chose d'un autre être.

La connaissance est donc, par sa nature, l'antithèse de la matière. Celle-ci limite et restreint; celle-là étend l'être et l'enrichit de quelque représentation d'un autre être. Aussi, moins un être est matériel, plus il est connaissant (1).

---

(1) Cognoscentia a non cognoscentibus in hoc distinguuntur, quia non cognoscentia nihil habent nisi formam suam tantum,

Dieu, l'acte pur, est l'immatériel absolu, puisque rien de **potentiel n'est** en lui : il est aussi le connaissant parfait (1).

Ce parfait tout en acte est nécessairement cause première de tout acte et de toute puissance. Ce connaissant parfait a en lui, par lui-même, les idées de tout ce qui peut être, et par ces types il produit des similitudes détaillées et amoindries de son infinie perfection : ce sont les créatures.

Comme il y a une gradation d'être dans les diverses créatures, il y a en elles une gradation de connaissance.

Les esprits purs imitent de plus près la connaissance pleine et tout actuelle de Dieu, comme ils imitent par leur nature substantielle l'immatérialité immuable de l'essence divine. Ils se contemplent eux-mêmes et voient en eux

---

sed cognoscens natum est habere formam etiam rei alterius : nam species cogniti est in cognoscente. Unde manifestum est quod natura rei non cognoscentis est magis coarctata et limitata, natura autem rerum cognoscentium habet majorem amplitudinem et extensionem.... Coarctatio autem formæ est per materiam... Patet igitur quod immaterialitas alicujus rei est ratio quod sit cognoscitiva, et secundum modum immaterialitatis est modus cognitionis (*Sum. Theol.*, I, q. xiv, a. 1).

(1) Unde quum Deus sit in summo immaterialitatis, ut ex superioribus patet, q. vii, a. 1, sequitur quod ipse sit in summo cognitionis (*Ibid.*).

une image du Créateur, mais ils ne peuvent voir en eux-mêmes les autres créatures, si Dieu n'imprime dans leur intelligence les représentations de ses œuvres. Ces impressions leur sont naturelles, parce que Dieu les leur donne au moment de la création, mais il faut qu'elles soient surajoutées par lui à leur être naturel. Ainsi, ce ne sont pas les créatures qui impriment leur image dans l'intelligence des esprits purs. C'est Dieu qui la grave lui-même sur ces esprits, comme un premier exemplaire créé de ses autres créatures, et c'est par cette image innée qu'ils connaissent les autres êtres, spirituels ou corporels (1).

Nous savons que l'homme n'est pas un de ces esprits purs. L'esprit en lui est le principe même de la formation et de l'animation du corps; c'est vraiment une âme, mais une âme spirituelle.

La connaissance de l'homme sera proportion-

---

(1) Substantiæ vero superiores, id est angeli, sunt a corporibus totaliter absolutæ, immaterialiter et in esse intelligibili subsistentes; et ideo suam perfectionem intelligibilem consequuntur per intelligibilem effluxum, quo a Deo species rerum cognitarum acceperunt simul cum intellectuali natura (I, q. LV, a. 2).

née à l'immatérialité de son être. Comme il n'est pas tout immatériel, mais esprit formant la matière en un corps vivant, l'objet propre de sa connaissance humaine sera l'immatériel dans la matière, la nature des êtres corporels, nature abstraite et universelle, et non pas nature concrète et individuelle; car, si l'âme humaine est ce qui forme le corps, elle n'en est pas moins subsistante en soi, et son individualité, malgré son rapport à telle matière, repose sur l'indépendance substantielle de son être : l'objet propre de sa connaissance ne peut donc être ce qui est matériellement individuel.

Cet individuel matériel est l'objet spécial de la connaissance sensitive, dont l'homme est doué, non précisément comme homme, mais comme animal.

Dans l'animal, en effet, de même que l'âme est dépendante de la matière, de même la connaissance ne saisit que l'individuel dans la matière. Les sens séparent bien les qualités corporelles les unes des autres, les combinent, les associent ou les dissocient par un travail naturel, s'en représentent même quelques rapports individuels, mais par eux-mêmes ils ne sauraient aller plus loin ; l'universel est pour eux dans la nuit (1).

II. — De l'union, dans l'homme, de l'animalité à la spiritualité résulte le procédé de la connaissance humaine.

Ici point de représentations innées, gravées par le Créateur même dans l'intelligence au moment de sa création. Point d'images infuses, dans la vie présente, par Dieu directement, comme dans l'âme séparée après la mort. A plus forte raison, pas de contemplation immédiate en Dieu des idées éternelles.

Quoi donc ? — L'impression, par les choses

---

(1) Objectum cognoscibile proportionatur virtuti cognoscitivæ. Est autem triplex gradus cognoscitivæ virtutis. Quædam enim cognoscitiva virtus est actus organi corporalis, scilicet sensus ; et ideo objectum cujuslibet sensitivæ potentiæ est forma prout in materia corporali existit. Et quia hujusmodi materia est individuationis principium, ideo omnis potentia sensitivæ partis est cognoscitiva particularium tantum. Quædam autem virtus cognoscitiva est quæ neque est actus organi corporalis neque est aliquo modo corporali materiæ conjuncta, sicut intellectus angelicus ; et hujus virtutis cognoscitivæ objectum est forma sine materia subsistens. Etsi enim materialia cognoscant, non tamen nisi in immaterialibus ea intuentur, vel in se ipsis, vel in Deo. Intellectus autem humanus medio modo se habet ; non enim est actus alicujus organi, sed tamen est quædam virtus animæ quæ est forma corporis, ut ex supra dictis patet, q. LXXVI, a. 1. Et ideo proprium ejus est cognoscere formam in materia quidem corporali individualiter existentem, non tamen prout est in tali materia (I, q. LXXXV, a. 1).

corporelles du dehors, de leur image dans les sens, puis l'élaboration de cette similitude par les facultés internes de connaissance sensitive, dont la puissance est augmentée par le voisinage dans le même être des facultés intellectuelles. Enfin, l'intervention d'une lumière d'intelligence, apanage natif de l'esprit humain, pour transformer la représentation élaborée par les sens internes en une similitude spécifique et universelle.

Cette similitude intelligible devient forme de la faculté réceptive de l'entendement humain, pour lui faire produire un concept, comme la similitude sensible était forme de la faculté de connaissance sensitive, pour une perception ou une aperception des sens.

Mais le concept est le commencement d'un travail intellectuel très riche et très complexe, et pour cette élaboration nouvelle l'entendement contracte des dispositions heureuses qu'il doit encore à l'influence de la lumière active dont le Créateur l'a doté. Il devient ainsi capable de poser les principes, force apparente ou cachée de ses compositions ou divisions logiques, de ses inductions ou de ses déductions.

Qu'est-ce donc que cette lumière active de

l'entendement humain, qui est donnée comme le moteur interne de notre connaissance intellectuelle ? Ce n'est pas moins qu'un reflet de l'entendement divin, une vertu imprimée dans notre nature par Celui qui est tout intelligence parce qu'il est tout acte.

L'intelligence et la raison humaines, inférieures à l'intelligence des esprits purs, sont néanmoins, elles aussi, filles de Dieu, faites en quelque manière à son image. Dieu a dans son essence, voit en lui même les types des êtres, et produit les créatures à l'imitation de ces exemplaires : l'entendement de l'homme, par une action inverse, conçoit les natures des choses sensibles, après avoir éclairé de sa lumière les images imprimées par les corps extérieurs dans les facultés inférieures, et s'élève, au moyen de ses concepts et des principes par lesquels il les lie entre eux, jusqu'à une certaine notion de l'immatériel pur et de Dieu lui-même.

C'est ainsi que l'homme atteint l'absolu et l'immuable, lui dont la connaissance s'applique d'abord à ce qui est dans le temps et dans l'espace, et dont les opérations sont aussi dans le temps, puisqu'elles sont successives.

Le successif et l'éternel, l'étendu et l'indivisible s'allient donc dans notre connaissance par une association qui est la suite de la composition substantielle de notre nature.

Aveugles, ceux qui voudraient nous refuser toute notion de l'indivisible et de l'éternel. Aveugles aussi, par une sorte d'éblouissement, ceux qui nous supposeraient dès cette vie doués d'une perception directe des idées substantielles qui sont l'être même de Dieu.

Voilà, dans son ensemble, la théorie de connaissance que nous allons étudier. Elle porte la marque de cette mesure sage et clairvoyante qui est le mérite et qui fait l'attrait de la doctrine de saint Thomas.

II

LES SENS EXTERNES

LES SENS EXTERNES

INTRODUCTION

Toute connaissance, et particulièrement la connaissance sensible, implique une assimilation du connaissant au connu.

Tout le système de saint Thomas sur la connaissance repose sur une théorie générale que l'on peut condenser en cette formule : « assimilation du sujet connaissant à l'objet connu » (1).

Pour se préparer à l'examen détaillé des divers procédés par lesquels se forme, s'élabore et s'agrandit la connaissance humaine, il est nécessaire de bien comprendre cette théorie générale de l'assimilation : nous en verrons les applications à chaque pas, à mesure que nous pénétrerons davantage dans l'intérieur de cette philosophie, à la fois ancienne et nouvelle, ri-

---

(1) Cognitio fit secundum assimilationem cognoscentis ad rem cognitam (I, q. LXXVI, a. 2, ad 4).

che de vérités encore bonnes pour notre temps, malgré l'alliage de quelques observations incomplètes, de quelques hypothèses surannées.

Je me propose, dans cette leçon, de présenter d'abord dans son universalité et dans ses caractères précis l'assimilation enveloppée dans toute connaissance, puis d'exposer comment Aristote et saint Thomas entendaient que les sens externes deviennent semblables à l'objet sensible pour le connaître à leur manière.

I

L'ASSIMILATION.

I. — Origine de la théorie de l'assimilation : Empédocle, Platon, Aristote, saint Thomas.
II. — Premières idées des choses dans l'essence divine. — Similitudes des choses dans les créatures douées de connaissance. — La forme du connu est l'acte même de la puissance de connaître : l'objet est connu par représentation.

I. — Dès la plus haute antiquité, les naturalistes et les philosophes avaient vu que ce qui connaît doit avoir quelque similitude avec ce qui est connu.

Aristote rapporte, dans son traité *de l'Ame*, qu'Empédocle regardait l'âme comme formée de tous les éléments de l'univers : c'est parce qu'elle est chacun de ces éléments, pensait-il, qu'elle peut connaître les choses :

« Par la terre nous connaissons la terre, l'eau par l'eau, l'air par l'air, le feu par le feu, comme l'amour par l'amour, et la discorde par la discorde » (1).

_____
(1) Περὶ ψυχῆς, I, 11 (6) Firmin-Didot.

Suivant Aristote, c'est pour la même raison que, dans le *Timée*, Platon compare l'âme du monde, et la nôtre à son image, avec les éléments premiers de toutes choses, c'est-à-dire avec le *même* ou l'indivisible, l'*autre* ou le divisible, et l'*intermédiaire*, à la fois identique et changeant. C'est à ce propos qu'Aristote rappelle le principe qui domine ce sujet : « C'est par le semblable qu'est connu le semblable » (1).

Mais on sait que, si Platon donnait à l'âme connaissante une certaine analogie de composition première avec les autres êtres créés, pour lui cette analogie n'était que très lointaine : une ressemblance plus prochaine lui paraissait devoir s'établir dans ce qui connaît, et la participation aux idées séparées était le moyen de l'assimilation.

Saint Thomas décrit maintes fois ce procédé platonicien :

« Platon, dit-il notamment, posa les formes des choses sensibles comme subsistantes par elles-mêmes sans matière, par exemple la forme d'homme, qu'il appelait l'*homme en soi*, et la forme ou l'idée de cheval, qu'il nommait le *che-*

---

(1) Γινώσκεσθαι γάρ τῷ ὁμοίῳ τὸ ὅμοιον (Περὶ ψυχῆς, I, 1 (7), Firmin-Didot).

val en soi, et ainsi des autres. Dans sa théorie, ces formes séparées étaient *participées* et par notre âme et par la matière corporelle : par notre âme, pour la connaissance ; par la matière corporelle, pour l'existence ; et ainsi, de même que la matière corporelle par sa participation à l'idée de pierre devient cette pierre, de même notre entendement par sa participation à l'idée de pierre devient entendant la pierre. Or, la participation à l'idée se fait par quelque similitude de l'idée elle-même dans le participant, à la manière dont la copie participe au modèle. Les formes sensibles, qui sont dans la matière corporelle, découlent donc des idées, comme des similitudes de celles-ci ; et les formes ou espèces intelligibles de notre entendement sont des similitudes des idées et en découlent » (1).

(1) Plato enim, sicut dictum est art. 1 hujus quæstionis, posuit formas rerum sensibilium per se sine materia subsistentes, sicut formam hominis quam nominabat *per se hominem*, et formam vel ideam equi quam nominabat *per se equum* ; et sic de aliis. Has ergo formas separatas ponebat participari et ab anima nostra et a materia corporali ; ab anima quidem nostra, ad cognoscendum ; a materia vero corporali, ad essendum ; ut sicut materia corporalis, per hoc quod participat ideam lapidis, fit hic lapis, ita intellectus noster, per hoc quod participat ideam lapidis, fit intelligens lapidem. Participatio autem ideæ fit per aliquam similitudinem ipsius ideæ in participante ip-

Saint Thomas attribue lui-même à Platon d'avoir compris que « ce qui est incorporel ne peut être modifié par ce qui est corporel ». C'est pour cela, pense-t-il, que ce philosophe ne fait pas agir, pour produire la connaissance, les sensibles matériels sur l'entendement ni même sur les sens : les organes des sens sont modifiés par ces sensibles ; mais cette modification ne fait qu'exciter l'âme à former en elle-même les similitudes sensibles des choses extérieures.

C'est que, d'après Platon, les sens sont en dehors de la matière du corps comme l'intelligence ; ils sont absolument incorporels : ils ne peuvent donc être impressionnés directement par les réalités corporelles qu'ils sont faits pour percevoir (1).

---

sam, per modum quo exemplar participatur ab exemplato. Sicut igitur ponebat formas sensibiles quæ sunt in materia corporali effluere ab ideis, sicut quasdam earum similitudines ; ita ponebat species intelligibiles nostri intellectus esse similitudines quasdam idearum ab eis effluentes (I, q. LXXXIV, a. 4).

(1) Plato. . . quia incorporeum non potest immutari a corporeo, posuit quod cognitio intellectualis non fit per immutationem intellectus a sensibilibus, sed per participationem formarum intelligibilium separatarum, ut dictum est art. 4 et præced. Sensum etiam posuit virtutem quamdam per se operantem. Unde nec ipse sensus, quum sit quædam vis spiritualis, immutatur a sensibilibus sed organa sensuum a sensibilibus immu-

Saint Thomas, vous le savez, ne donne pas aux sens cette indépendance à l'égard du corps; il suit Aristote sur ce point, il élève l'entendement seul au-dessus de la matière corporelle : toute puissance sensitive y est au contraire plongée. Mais il n'en reste pas moins que les sens, comme l'entendement, ne peuvent acquérir aucune connaissance s'ils ne sont conformés aux choses par une ressemblance qui naît en eux.

II. — Les idées séparées de Platon ne sont pas admises par saint Thomas. Aristote les a reléguées définitivement parmi les fantaisies creuses qu'il reproche à son maître : si tant est que Platon les ait vraiment prises au sérieux, elles sont mortes après lui et personne ne les a ressuscitées. Saint Thomas est presque dur pour ces formes, isolées et de Dieu et des choses et de nous-mêmes. « Comment la science de la nature en tirerait-elle la connaissance du mouvement et de la matière, puisqu'elles sont immobiles et immatérielles ? N'est-il pas ridicule, lorsque nous cherchons à connaître les choses qui sont devant nous, de mettre au milieu d'autres

tantur ; ex qua immutatione anima quodammodo excitatur, ut in se species sensibilium formet (1, q. LXXXIV, a. 6).

êtres qui ne peuvent en être les substances, puisqu'ils en diffèrent par l'être même ? La connaissance de ces substances séparées ne nous avancerait point : elle ne nous servirait pas à juger des réalités sensibles » (1).

Sans doute, les types premiers des choses existent quelque part, éternels et intelligibles ; mais c'est en Dieu qu'il faut les placer (2). L'être divin est lui-même, par essence et par actualité infinie, la forme primitive, l'exemplaire original de tous les êtres, comme il en est la cause créatrice : par là sont représentées toutes choses à l'entendement divin, qui n'est aussi que l'essence divine en tant qu'elle connaît. Platon avait chanté « cette beauté éternelle, incréée, impéris-

---

(1) Hoc dupliciter apparet falsum. Primo quidem, quia, quum illæ species sint immateriales et immobiles, excluderetur a scientiis cognitio motus et materiæ, quod est proprium scientiæ naturalis, et demonstratio per causas moventes et materiales. Secundo, quia derisibile videtur, dum eorum quæ nobis manifesta sunt notitiam quærimus, alia entia in medium afferamus, quæ non possunt esse eorum substantiæ, quum ab eis differant secundum esse ; et sic, illis substantiis separatis cognitis, non propter hoc de istis sensibilibus judicare possemus. (I, q. LXXXIV, a. 1).

(2) Species intelligibiles, quas participat noster intellectus, reducuntur sicut in primam causam in aliquod principium per suam essentiam intelligibile, scilicet in Deum (I, q. LXXXIV, a. 4, ad 1).

sable, qui existe absolument par elle-même, et en elle-même, à laquelle participent toutes les autres beautés, sans que leur naissance ou leur destruction lui apporte la moindre diminution, le moindre accroissement, la moindre modification ». Saint Thomas grave en un trait profond cet idéal suprême qui est en même temps la suprême réalité : « L'essence de Dieu est similitude parfaite de toutes choses, de tout ce qui est dans les choses, parce qu'elle est principe universel de tout » (1).

Mais dans les créatures, et notamment dans l'homme, la ressemblance qui fait connaître les autres êtres, les autres réalités, s'ajoute à ce qu'est en lui-même le sujet qui connaît : celui-ci a une capacité, une puissance de connaître, que la forme représentative vient actualiser, compléter ; la puissance devient ainsi semblable à la réalité extérieure, et cette actualisation fait d'elle une seule et même chose avec la forme qui la détermine. Avant cette conformation à l'objet, la faculté de connaître n'était qu'en puissance, non pas en acte, et l'objet n'était pas

---

(1) Essentia Dei est perfecta similitudo omnium, quantum ad omnia quæ in rebus inveniuntur, sicut universale principium omnium (I, q. LXXXIV, a. 2, ad 3).

actuellement en elle : il a fallu que l'objet se posât par ressemblance dans cette faculté, pour qu'elle fût à la fois déterminée en elle-même et déterminée à la connaissance.

Saint Thomas fait honneur à Aristote d'avoir donné la formule précise de cette doctrine. « C'est pour cela qu'il est dit au troisième livre du traité *de l'Ame* que le *sensible en acte est le sens en acte* et que *l'intelligible en acte est l'entendement en acte*. Car ce qui fait qu'en acte nous sentons ou entendons, c'est que notre entendement ou notre sens est informé en acte par l'espèce du sensible ou de l'intelligible ; et si le sens est autre chose que le sensible ou l'entendement autre chose que l'intelligible, c'est uniquement selon que l'un et l'autre sont en puissance (1). — Que l'entendement soit perfectionné par l'intelligible ou assimilé à lui, cela convient à cet entendement qui quelquefois est en puissance : en effet, par cela même qu'il est en

---

(1) Unde dicitur in lib. III *de Anima*, quod *sensibile in actu est sensus in actu* et *intelligibile in actu est intellectus in actu.* Ex hoc enim aliquid in actu sentimus vel intelligimus, quod intellectus noster vel sensus informatur actu per speciem sensibilis vel intelligibilis. Et secundum hoc tantum sensus vel intellectus aliud est a sensibili vel intelligibili, quia utrumque est in potentia (I, q. XIV, a. 2).

puissance, il diffère de l'intelligible ; il est assimilé à lui par l'espèce intelligible, qui est similitude de la chose entendue, et il est perfectionné par elle, comme la puissance par l'acte » (1).

Si les philosophes primitifs, comme Empédocle, disaient que l'âme devait être corps pour connaître un corps, et composée des éléments de toutes les substances corporelles pour connaître ces substances, c'est qu'ils n'avaient pas encore fait cette distinction entre l'acte et la puissance (2). Platon l'indiqua ou la suggéra, et Aristote l'exprima avec netteté, la découvrit dans tout ce qui n'est pas Dieu, l'*acte pur*, et la prit pour base de toute sa philosophie. Nous en verrons l'application constante dans nos entretiens ; car saint Thomas, lui aussi, y appuie toute sa doctrine.

Dès à présent, observons avec soin que la con-

---

(1) Quod intellectus perficiatur ab intelligibili vel assimiletur ei, hoc convenit intellectui qui quandoque est in potentia ; quia per hoc quod est in potentia, differt ab intelligibili, et assimilatur ei per speciem intelligibilem quæ est similitudo rei intellectæ, et perficitur per ipsam, sicut potentia per actum (I, q. XIV, a. 2, ad. 2).

(2) Non oportet quod in natura animæ sit similitudo rerum corporearum in actu, sed quod sit in potentia ad hujusmodi similitudines. Sed quia antiqui naturales nesciebant distinguere inter actum et potentiam, ponebant animam esse corpus, ad hoc

naissance ne naît pas immédiatement d'un simple rapport, d'un certain contact ou rapprochement, entre un sujet capable de connaître et un objet extérieur à lui : elle est déterminée, au contraire, en dernière analyse, par une forme interne modifiant ce qui connaît et le rendant semblable en quelque manière à cet objet connu. La connaissance n'est pas simplement une apparition lumineuse à l'intérieur d'une âme ou d'un esprit, ni seulement la constatation ou l'affirmation d'une réalité : elle implique, en ce qui perçoit ou conçoit autre chose que soi-même, une manière d'être, un mode d'existence survenant dans ce sujet et le faisant à l'image de ce qu'il connaît. Et en effet, connaître c'est produire un acte au dedans de soi, lors même que l'on connaît ce qui est au dehors : il faut donc, même dans ce cas, que l'objet soit au dedans ; et comment peut-il y être, si ce n'est en effigie ? et comment sa copie peut-elle déterminer une opération intime dans le connaissant, si elle ne s'imprime en celui-ci au point d'être quelque chose de lui-même ?

. quod cognosceret omnia corpora, et quod esset composita de principiis omnium corporum (I, q. LXXV, a, 1, ad 2). — Cf. I, q. LXXXIV, a. 2).

Il s'ensuit que la chose du dehors est connue, non pas précisément selon le mode d'être qu'elle a en elle-même, mais plutôt selon la représentation qui se forme dans le sujet qui la perçoit, et par suite selon la manière dont celui-ci est constitué, car l'accident prend le caractère de ce qui le porte, tout en lui donnant une qualité supplémentaire (1).

Néanmoins, ce n'est pas parce qu'elle est quelque chose du sujet que la forme représentative est principe de connaissance, mais parce qu'elle est une image de la chose extérieure. « Comme par une statue d'or nous sommes conduits au souvenir d'un homme », ainsi une similitude par laquelle notre âme devient conforme à une autre réalité lui fait connaître celle-ci, malgré la différente nature de notre âme (2).

Ainsi, un double point de vue est à noter et

---

(1) Cognitio enim contingit secundum quod cognitum est in cognoscente. Cognitum autem est in cognoscente secundum modum cognoscentis. Unde cujuslibet cognoscentis cognitio est secundum modum suæ naturæ (I, q. XII, a. 4).

(2) Ad cognitionem non requiritur similitudo conformitatis in natura, sed similitudo repræsentationis tantum ; sicut per statuam auream ducimur in memoriam alicujus hominis (de Veritate, q. II, a 5, ad. 5).

à retenir dans l'explication du procédé de connaissance. Suivant la nature de la faculté que nous employons à connaître les choses, nous arrivons à les connaître de telle ou telle façon ; mais, dans tous les cas, c'est en vertu de la ressemblance qui naît en quelqu'une de nos puissances, que les choses, ainsi représentées en nous, peuvent par nous être connues.

II

LES SENS EXTERNES

I. — L'assimilation dans les sens externes. La modification spirituelle et la modification physique. — Le composé de puissance sensitive et d'organe corporel. Le sens reçoit la forme sensible sans la matière.

II. — Formation initiale de la sensation dans la vue, l'ouïe, l'odorat, le goût, le toucher : milieu et organe pour chacun de ces sens. — Le toucher est le fondement des autres sens externes ; son rapport avec la perfection de la sensibilité et de l'intelligence.

I. — Nous avons maintenant à faire aux sens externes l'application de la théorie générale de l'assimilation : car les sens sont des facultés de connaissance à leur manière ; ils doivent donc, pour accomplir leur fonction, devenir en quelque façon semblables aux choses qu'ils sont appelés à sentir.

Mais les sens se servent du corps pour faire leur œuvre, et le corps où ils résident est mis en communication avec les choses par un milieu corporel aussi : l'assimilation de ces puissances de sentir peut donc être préparée par une impression faite par l'objet extérieur sur quelques parties de l'organisme, et cette impression est elle-même préparée par une modification dans quelque corps intermédiaire.

La génération de l'acte de sentir est par conséquent très complexe ; elle suppose des actions physiques associées à des manifestations de la vie sensitive ; et il n'est pas étonnant que, sur un pareil sujet d'étude, la science des anciens et du moyen âge puisse être trouvée inexacte ou incomplète par la science de notre époque.

Cependant, je crois utile d'exposer avec quelques détails les observations et les hypothèses, si imparfaites qu'elles soient, employées par Aristote et saint Thomas pour expliquer, comme ils peuvent, les diverses sensations, je veux dire les diverses opérations des sens externes. En effet, faute de se rendre bien compte de la façon dont ils se représentaient les faits de l'ordre physique et ceux de l'ordre physiologique, on a quelquefois peut-être mal interprété leur philosophie même, soit en la déformant par quelque théorie trop facilement attaquable, soit en la travestissant avec trop de complaisance suivant le goût de nos contemporains.

Ce qu'il faut principalement bien saisir, dans saint Thomas, en cette matière, c'est la nature de la modification qui détermine précisément la sensation. Il l'appelle une « modification spirituelle », *immutatio spiritualis*, et la distingue de la « modification physique », *immutatio naturalis*. Que faut-il entendre par ces expressions ?

Il ne s'agit pas ici d'une spiritualité rigoureuse, qualité de l'âme seule indépendamment du corps. La modification spirituelle est dans l'organe corporel autant qu'une modification physique, mais elle ne produit pas dans le corps un changement physique tel que chaleur, couleur, mouvement. C'est bien l'organe qui est modifié, mais spirituellement, c'est à dire sans prendre une de ces qualités que les corps même non vivants sont aptes à revêtir, sans éprouver une de ces variations dont ces êtres inférieurs sont susceptibles. Si donc, dans l'ensemble des phénomènes qu'embrasse la complexité de la sensation, il se rencontre des mouvements ou des altérations purement physiques, comme des vibrations, des échauffements, des colorations, ou des combinaisons, des décompositions chimiques, faits naturels du même ordre, ce n'est pas de ces modifications que résulte, immédiatement, l'acte de sensibilité : car, s'il en était ainsi, pourquoi les corps inorganiques ne sentiraient-ils pas, lorsqu'ils sont modifiés de cette manière (1) ? Il importe d'écarter toute illusion à cet égard. Ne nous, imaginons point avoir trouvé l'explication du mystère que contient la sensation, parce que nous aurons découvert une ressemblance physico-chimique entre les phénomènes de l'organisme vivant et ceux de la nature extérieure qu'il s'agit de sentir. Qu'un mouvement local, un son, une couleur se produise sur notre corps, cela n'est pas le mot de l'énigme ; aucun fait de ce genre n'est la raison dernière de la sensation, car une pareille imitation de ce qui se passe au dehors ne sort pas de la sphère où l'être ne sent pas. Et il ne servirait

---

(1) Est autem duplex immutatio : una naturalis et alia spiritualis. Naturalis quidem, secundum quod forma immutantis recipitur in immutato secundum esse naturale, sicut calor in calefacto ; spiritualis autem, secundum quod forma immutantis recipitur in immutato secundum esse spirituale, ut forma coloris in pupilla, quæ non fit per hoc colorata. Ad operationem autem sensus requiritur immutatio spiritualis, per quam intentio formæ sensibilis fit in organo sensus ; alioquin, si sola immutatio naturalis sufficeret ad sentiendum, omnia corpora naturalia sentirent dum alterantur, (I, q. LXXVIII, a. 3).

à rien de faire intervenir simplement la vie végétative pour élever d'un degré le genre de ces modifications : cette vie, nous l'avons dit l'année dernière, en organisant l'action des forces inférieures, n'en change pas le caractère essentiel ; elle s'approprie, domine et ennoblit ces forces ; mais, en leur conférant une dignité spéciale, elle les laisse enfermées comme elle-même dans le cercle étroit des changements tout matériels.

Il faut trouver autre chose, et, au risque de ne pouvoir tout éclaircir, saint Thomas a bien fait de nommer « spirituelle » la similitude qui se forme dans l'organisme pour la génération immédiate de la sensation. J'avoue cependant que ce terme « spirituelle » ne nous apprend guère ce qu'est en soi la modification qui fait sentir ; elle marque surtout que cette modification n'est pas physico-chimique.

« La modification physique, dit saint Thomas dans son commentaire sur le traité *de l'Ame* d'Aristote, est celle au moyen de laquelle une qualité est reçue dans le patient selon l'être de nature physique, comme lorsque quelque chose est refroidi ou échauffé ou mû d'un lieu à un autre. La modification spirituelle est celle au moyen de laquelle l'espèce est reçue dans l'organe du sens ou dans le milieu par manière d'intention et non par manière de forme physique. Car l'espèce sensible n'est pas reçue dans le sens selon l'être qu'elle a dans la chose sensible » (1).

On remarquera dans ce texte que, d'après saint Thomas, la modification spirituelle peut être, non pas seulement dans l'organe du sens, mais encore et préalablement dans le milieu, intermédiaire entre la chose et l'organisme. Je ne crains pas de dire que cette supposition apporte une certaine complication au problème pour nos esprits modernes. En effet, ce milieu est simplement naturel ; il n'est pas vivant, encore moins est-il sensitif : une qualité dite spirituelle peut donc exister en dehors de la sensibilité, en dehors même de toute vie. Or, si cette spiritualité n'est pas caractéristique exclusivement des phénomènes de sensibilité, comment peut-elle

---

(1) Dicta autem immutatio (naturalis) prout qualitas recipitur in patiente secundum esse naturæ, sicut quum aliquid infrigidatur vel calefit aut movetur secundum locum. Immutatio vero spiritualis est secundum quod species recipitur in organo sensus aut in medio per modum intentionis et non per modum naturalis formæ. Non enim sic recipitur species sensibilis in sensu secundum illud esse quod habet in re sensibili (in II *de Anima*, lect. xiv).

être la raison de ces phénomènes ? Ne semble-t-il pas, ou bien que le milieu devrait sentir comme l'organisme, ou bien que l'organisme devrait être privé de sensation comme le milieu ?

Je pense que, même dans l'opinion de saint Thomas, la modification spirituelle de l'organe est nécessaire sans contenir, à elle seule, toute la raison de la sensibilité : pour qu'il y ait sensation, il faut qu'il y ait une modification de l'âme sensitive avec une modification spirituelle du corps ; la puissance de sentir vient de l'âme, et si cette faculté de l'âme n'était pas assimilée en même temps que son organe à l'objet extérieur, celui-ci ne serait pas senti. — La forme qui détermine la connaissance sensible est à la fois dans l'âme et dans le corps : on peut dire que c'est l'organe animé qui sent, mais ce n'est pas l'organe tout seul en tant que simple partie du corps, pas plus que ce n'est la puissance de l'âme, le sens lui-même, qui opère tout seul l'acte de sentir : cet acte est à vrai dire l'œuvre « d'un composé de puissance et d'organe corporel » (1). Par exemple, ce qui reçoit l'espèce ou

(1) Quum actus non potentiæ sit solum, sed compositi de potentia et organo corporeo (in III *de Anima*, lectio VII).

la forme représentative de la chose visible, ce n'est pas seulement le sens de la vue, mais ce que saint Thomas appelle l'œil, qu'il considère comme « constitué par l'union de la vue et de la pupille » (1). Disons en passant, sauf à y revenir, que la physiologie a pu, en progressant, mieux préciser quel est l'organe de chaque sorte de sensation ; mais la théorie philosophique dont nous venons de donner un résumé, mérite néanmoins d'être adoptée par la science moderne : il suffit de changer la localisation de l'organe.

Aristote se sert d'une comparaison ingénieuse pour mettre en relief la manière dont il entend la génération de l'acte de sensibilité. « Le sens, dit-il au chapitre douzième du deuxième livre du traité *de l'Ame,* le sens reçoit la forme sensible sans la matière, comme la cire reçoit l'empreinte de la bague sans le fer ou l'or ». Mais ici se

---

(1) Non enim visus solum est susceptivus specierum, sed oculus (in III *de Anima*, lectio vii). — Principium visionis non est visus tantum, sed oculus constans ex visu et pupilla (Q. disp. *de Potentia*, q. III, a. 9, ad 22). — Organum enim sensus cum potentia ipsa, utputa oculus, est idem subjecto, sed esse aliud est, quia ratione differt potentia a corpore : potentia enim est quasi forma organi (in II *de Anima*, lectio xxiv).

présente cette objection : « Il semble que cette comparaison ne montre pas le caractère particulier de l'action par laquelle le sensible impressionne le sens ; car elle pourrait s'appliquer à l'action d'un corps sur tout autre corps. Le feu, par exemple, échauffe l'air, sans que l'air devienne la matière du feu : il reçoit seulement la forme ou qualité de chaleur. De même, pourrait-on dire, le sens reçoit une qualité du sensible sans la matière du sensible, la couleur d'une pierre sans devenir pierre ». Voici la réponse de saint Thomas lui-même (1) : « Un sujet

(1) Dicendum igitur quod, licet hoc sit commune omni patienti quod recipiat formam ab agente, differentia tamen est in modo recipiendi. Nam forma quæ in patiente recipitur ab agente, quandoque quidem habet eumdem modum essendi in patiente quem habet in agente ; et hoc quidem contingit quando patiens habet eamdem dispositionem ad formam quam habet agens ; quodcumque enim recipitur in altero secundum modum recipientis recipitur. Unde si eodem modo disponatur patiens sicut agens, eodem modo recipitur forma in patiente sicut erat in agente ; et tunc non recipitur forma sine materia. Licet enim illa et eadem materia numero quæ est agentis, non fiat patientis, fit tamen quodammodo eadem, inquantum similem dispositionem materialem ad formam acquirit ei quæ erat in agente. Et hoc modo aer patitur ab igne et quidquid patitur passione naturali. Quandoque vero forma recipitur in patiente secundum alium modum essendi quam sit in agente : quia dispositio materialis patientis ad recipiendum non est similis dispositioni mate-

peut recevoir de deux façons différentes l'action d'un agent matériel. S'il avait la même prédisposition que cet agent à la qualité communiquée par l'action, il est alors conformé comme celui-ci à cette qualité dans sa propre matière, il prend la même manière d'être matérielle que l'agent. C'est ce qui arrive dans les actions purement physiques : l'air, par exemple, devient chaud de la même manière que le feu est chaud. Mais, si la prédisposition à la forme d'être accidentelle était différente dans le corps qui agit et dans celui qui pâtit, ce dernier est, dans ce cas, assimilé à l'agent seulement en cette forme et non du côté de la matière. C'est ainsi que le sens reçoit de la couleur, du son extérieur, une similitude non pas physique, mais spirituelle, c'est-à-dire ne devient pas matériellement coloré, ni sonore mais ne prend ces qualités qu'en représentation ». En somme, la puissance sensitive est faite pour reproduire dans un ordre supérieur les formes

---

riali quæ est in agente. Et ideo forma recipitur in patiente sine materia, inquantum patiens assimilatur agenti secundum formam, et non secundum materiam. Et per hunc modum sensus recipit formam sine materia, quia alterius modi esse habet forma in sensu et in re sensibili. Nam in re sensibili habet esse naturale, in sensu autem habet esse intentionale et spirituale (in II *de Anima*, lect. xxiv).

que la nature physique réalise sous un mode tout matériel ; elle leur devient semblable, mais par une imitation qui les élève à sa hauteur : elle les spiritualise pour en avoir connaissance.

II. — Il peut cependant y avoir, c'est certain, une modification proprement physique jointe, dans un organe de sens, à la modification dite spirituelle. Accordons même à la science moderne, si vous le voulez bien, que la sensation est toujours préparée dans l'organisme par un phénomène de l'ordre physico-chimique. Mais reconnaissons que saint Thomas n'était pas aussi avancé : je crois devoir vous donner un aperçu de ce qu'il enseigne sur la formation de la sensation dans les cinq sens externes.

Pour la vue, il n'y a que la modification spirituelle et dans l'organe et dans le milieu (1).

Disons tout de suite qu'il faut toujours un milieu entre l'objet et l'organe pour que naisse la sensation. Si, par exemple, un corps est

---

(1) In quibusdam sensibus invenitur immutatio spiritualis tantum, sicut in visu . . . Visus autem, qui est absque immutatione naturali organi et objecti, est maxime spiritualis (I, q. LXXVIII, a. 3).

appliqué sur l'œil même, il ne sera pas vu.

Le milieu nécessaire à la vision est « le diaphane », l'air ou l'eau, que la lumière met en acte et que la couleur de l'objet modifie spirituellement. Ce diaphane impressionne l'organe en le touchant, car les corps n'agissent les uns sur les autres qu'au moyen du contact; et ainsi se communique à l'œil l'image spirituelle de la couleur (1). L'œil ne se colore pas physiquement, mais prend une forme de couleur appropriée à la nature de la sensibilité.

Saint Thomas ne parait pas avoir connu l'image réelle que les rayons lumineux viennent peindre sur la rétine comme un portrait en miniature. Mais il a indiqué le trajet direct des lignes visuelles depuis l'objet extérieur jusqu'à l'œil, et donné la cause exacte du rapetissement de la chose vue, à proportion de l'éloignement (2);

---

(1) Oportet autem quod color moveat diaphanum in actu, puta aerem vel aliquid hujusmodi; et ab hoc movetur sensitivum, id est organum visus, sicut a corpore sibi continuato. Corpora enim non se immutant nisi se tangant (in II *de Anima*, lectio xv).

(2) Causa autem quare distantia impediat visum, est quia omne corpus videtur sub quodam angulo cujusdam trianguli, vel magis pyramidis, cujus basis est in re visa et angulus est in oculo videntis .... Manifestum est autem quod, quanto la-

il savait que la chose est à la base d'une pyramide dont l'angle de sommet est dans l'œil, et que, par conséquent, plus elle est éloignée, plus est réduit l'angle sous lequel elle est vue, au point qu'à une certaine distance elle devient invisible par l'annulation de cet angle.

Pour l'ouïe, le milieu est l'air, dans lequel est engendré le son par la percussion d'un corps sur un autre ou d'un corps sur l'air : cette génération est toute physique. Mais dans l'oreille, pour une sensation normale, il y a seulement une modification spirituelle (1). Si accidentellement il se produit dans cet organe un son vraiment physique, la sensation de son est alors subjective et elle empêche la perception d'un son extérieur (2).

tera trianguli vel pyramidis sunt longiora, dummodo sit eadem basis, tanto angulus est minor; et ideo, quanto a remotiori videtur, minus videtur, et tanta potest esse distantia quod omnino non videatur (in II *de Anima*, lectio xv).

(1) Ex parte autem objecti invenitur transmutatio naturalis secundum locum quidem in sono qui est objectum auditus ; nam sonus ex percussione causatur et aeris commotione . . Organum vero olfactus aut auditus nulla naturali immutatione immutatur in sentiendo, nisi per accidens (I, q. LXXVIII, a. 3).

(2) Ab instrumento auditus sonus debet esse extraneus et non proprius. Sicut instrumentum visus recipit extraneum colorem et non habet proprium ; si autem haberet proprium, im-

Saint Thomas, comme Aristote, semble avoir ignoré le rôle du nerf acoustique comme celui du nerf optique dans la première formation de la similitude nécessaire à la sensation. Pour eux, l'organe initial de la vue est « l'humeur aqueuse qui est dans la pupille »; et celui de l'ouïe, « l'air immobile derrière le tympan » (1). Aristote pensait que la nature de l'organe devait avoir une certaine analogie avec celle de l'objet ou du milieu : voilà pourquoi il cherchait un diaphane dans l'œil et croyait trouver dans l'humeur aqueuse, entre la cornée et le cristallin, un organe approprié à la perception de la lumière et de la couleur dont le diaphane extérieur est imprégné; et dans l'air immobilisé derrière le tympan, l'instrument convenable de la perception du son produit au dehors dans l'air mis en mouvement.

L'odorat, comme l'ouïe, n'a dans l'organisme

pediretur visio : et similiter si aer, qui est in auribus, habeat proprium motum et sonum, impeditur auditus (in II *de Anima*, lect. XVII).

(1) Sicut enim humidum aqueum, quod est in pupilla, caret omni colore, ut animal possit cognoscere omnes colorum differentias, ita oportet quod aer, qui est intra tympanum auris, careat omni motu, ad hoc quod possit discernere omnes sonorum differentias (in II *de Anima*, lect. XVII).

qu'une modification spirituelle, si ce n'est accidentellement. Mais le milieu qui apporte à ce sens la qualité extérieure, est modifié physiquement ainsi que le corps d'où elle émane. Ce milieu est l'air ou l'eau que pénètre quelque vapeur odorante exhalée par un corps sous l'altération de la chaleur (1). Saint Thomas cependant émet l'opinion que, lorsque l'odeur est communiquée par l'air à une très grande distance, il peut y avoir modification physique jusqu'à un certain point de l'espace, puis modification spirituelle au-delà de ce point jusqu'à l'organe de l'odorat. Cette explication lui paraît nécessaire pour rendre compte, par exemple, « d'une odeur de cadavre sentie par des vautours jusqu'à cinq cent mille pas ou même davantage » : dans ce cas, « il serait impossible, dit-il, que quelque évaporation corporelle du cadavre fût répandue dans un si grand espace, surtout puisque le sensible modifie le milieu de tous côtés jusqu'à la même distance, à moins d'empêchement » (2). Je cite cette interprétation

---

(1) Ex parte autem objecti invenitur transmutatio naturalis.. secundum alterationem vero in odore, qui est objectum olfactus ; oportet enim per calidum alterari aliquo modo corpus, ad hoc quod spiret odorem (I, q. LXXVIII, a. 3).

(2) Quum enim odor cadaveris usque ad quingenta milliaria,

du fait supposé, pour vous montrer le soin avec lequel saint Thomas recherche les causes des phénomènes que l'on croyait avoir observés de son temps.

Les deux derniers sens, le goût et le toucher, sont plus matériels que les autres, parce qu'ils ont une modification physique tant dans l'organe que dans le milieu ou l'objet : « la main qui touche un objet chaud devient chaude elle-même, et la langue s'humecte par l'humidité de ce qu'elle goûte » (1).

Pour le goût et pour le toucher, il y a deux milieux ; l'un « conjoint », c'est la chair ; l'autre extérieur, c'est l'humidité pour le goût, l'air ou l'eau pour le toucher (2).

vel amplius, a vulturibus sentiatur, impossibile esset quod aliqua corporalis evaporatio cadaveris usque ad tantum spatium diffunderetur, præcipue quum sensibile immutet medium undique secundum eamdem distantiam, nisi impediatur... Et ideo dicendum est quod ab odorabili resolvi quidem potest fumalis evaporatio, quæ tamen non pertingit usque ad terminum ubi odor percipitur, sed immutatur medium spiritualiter ultra quam dicta evaporatio pertingere possit (in II *de Anima*, lectio xx).

(1) Ex parte autem organi est immutatio naturalis in tactu et in gustu ; nam et manus tangens calida calefit, et lingua humectatur per humiditatem saporum... Tactus et gustus sunt maxime naturales (I, q. LXXVIII, a. 3).

(2) Gustabile est quoddam tangibile, id est quod tactu discernitur ; et hæc est causa quare non sentitur per medium quod

LES SENS EXTERNES 53

Le goût opère comme une espèce de toucher. S'il était répandu sur tout le corps, suivant Aristote, nous ne le distinguerions pas plus, comme un sens à part, que nous ne distinguons ainsi les diverses espèces de toucher (1).

D'après saint Thomas, il existe peut-être une qualité commune, innommée, qui serait l'objet propre d'un seul sens du toucher, les diverses qualités tangibles étant dans cette hypothèse les espèces de ce genre commun. Mais le goût, dans l'opinion de saint Thomas, n'est un toucher que par rapport à une qualité tangible préalable, l'humidité, dans laquelle est fondée la saveur qu'il sent : pour sentir cette saveur, il n'est pas nécessairement modifié d'une manière physique ; ainsi la langue ne devient pas nécessairement douce ou amère, pour goûter le doux ou l'amer (2).

sit corpus extraneum... Tactus sentit suum objectum per medium conjunctum : nam caro est medium in sensu tactus (in II de Anima, lectio XXI). — Semper, quando tangimus, aliquid est medium inter nos et res contactas, aer vel aqua . (in II de Anima, lectio XXIII).

(1) Si autem alia caro sentiret saporem, non discerneremus inter gustum et tactum : sicut nunc non discernimus inter tactum qui est discretivus calidi et frigidi, et tactum qui est discretivus humidi et sicci (in II de Anima, lect. XXII).

(2) I, q. LXXVIII, a. 3, ad 3 et ad 4.

De nos jours encore, les physiologistes se demandent si le goût ne serait pas une sorte de toucher d'une délicatesse particulière ; ils admettent volontiers que c'est par sensibilité tactile que la langue goûte les farineux et même les acides, mais ils reconnaissent généralement que le sucré ou l'amer relèvent d'un sens spécial, qui est proprement le goût. Aujourd'hui aussi, on enseigne que, pour être sapide, un corps doit être soluble, et qu'un commencement de dissolution, au moins une certaine humectation des substances est nécessaire pour qu'elles aient quelque saveur.

Il est à remarquer que, d'après Aristote et saint Thomas, l'organe du toucher n'est pas la chair, mais une partie du corps plus intérieure : la chair n'est qu'un milieu vivant, une sorte d'enveloppe à la périphérie du sujet même. Si donc nous sentons par le toucher un corps appliqué sur notre épiderme, ce n'est pas une exception à la règle qui demande un milieu entre l'organe et la chose sentie ; c'est seulement que la peau est cet intermédiaire exigé (1). Nous pouvons,

---

(1) Manifestum est quod organum sensitivum in sensu tactus sit intus. Sic enim accidit in hoc sensu, sicut et in aliis. Non enim sentiunt animalia sensibilia apposita super organum sensus. Sentiunt autem sensibilia posita super carnem : quare

même à notre époque, considérer l'épiderme et le derme comme de simples milieux, puisque la première sensibilité tactile paraît résider dans les extrémités nerveuses qui aboutissent sous la peau.

Le toucher est le fondement de tous les autres sens. En effet, les organes de la vue, de l'ouïe, de l'odorat et du goût sont aussi et en premier lieu des organes du toucher (1). La science moderne a conservé cette appréciation ; elle envisage même les quatre autres sens comme des transformations spéciales du toucher : on peut dire que l'œil touche les rayons lumineux, l'oreille les ondes sonores, le nez les émanations odorantes, la langue les substances savoureuses.

Aussi, la perfection du toucher est-elle une préparation à la perfection des autres sens. Saint Thomas ne craint même pas de dire, après Aristote, que les hommes doués d'un meilleur toucher ont généralement une meilleure intelligence, et

---

manifestum est quod caro non est organum sensus, sed medium (in II *de Anima*, lect. XXIII).

(1) Tactus est fundamentum omnium aliorum sensuum : manifestum est enim quod organum tactus diffunditur per totum corpus, et quodlibet instrumentum cujuscumque sensus est etiam instrumentum tactus ; et illud ex quo aliquid dicitur esse sensitivum, est sensus tactus (in II *de Anima*, lect. XIX).

il en donne deux raisons (1) : d'abord, une sensibilité plus exquise est une disposition naturelle à une plus fine intelligence, et la délicatesse du toucher est le prélude et la marque d'une sensibilité délicate ; puis, un excellent toucher suppose une excellente complexion du corps, et un corps humain excellemment constitué est ordinairement le siège d'une âme supérieure. C'est ce qui faisait dire à Aristote : « A chair dure, esprit inepte ; à molle chair, bonne intelligence ».

Cet exposé sommaire suffira, je pense, pour vous donner une idée de la physiologie et de la philosophie de saint Thomas sur les sens externes. Ce que nous dirons sur les sens internes, dans notre prochain entretien, complètera ces données et vous permettra d'apprécier encore mieux et les richesses et les lacunes de la science du moyen âge.

---

(1) Unde ex hoc quod aliquis habet meliorem tactum, sequitur quod simpliciter habet meliorem sensitivam naturam, et per consequens quod sit melioris intellectus. Nam bonitas sensus est dispositio ad bonitatem intellectus... Alia ratio est quia bonitas tactus consequitur bonitatem complexionis sive temperantiæ... Ad bonam autem complexionem corporis sequitur nobilitas animæ ; quia omnis forma est proportionata suæ materiæ. Unde sequitur quod qui sunt boni tactus, sunt nobilioris animæ et perspicacioris mentis (in II *de Anima*, lect. xix).

III

LES SENS INTERNES

LES SENS INTERNES

INTRODUCTION.

Progrès de la connaissance dans les sens internes.

Nous allons monter d'un degré dans la connaissance sensitive.

Nous avons examiné les commencements de la sensibilité dans les sens externes : saint Thomas nous a montré les choses agissant sur nous au moyen d'un milieu et imprimant leur ressemblance, par une modification dite spirituelle, dans des organes qui sont parties de nous-mêmes et composés, au point où débute la représentation sensible, de corps et d'âme sensitive.

La similitude ainsi engendrée en nous n'en reste pas là : elle progresse, elle est distinguée, combinée, élaborée, conservée. appréciée par un ensemble de facultés supérieures, mais sensitives encore, dont le travail prépare le fonds représentatif que doit illuminer notre intelligence.

Ces puissances sont les sens internes. Vous savez qu'elles résident, elles aussi, dans l'organisme, qu'elles agissent dans le corps et l'associent à leur opération. Nous aurons le plaisir de constater que le moyen âge n'avait pas peur de chercher à en localiser l'activité, et que, si les tâtonnements d'une science encore jeune n'ont pas toujours rencontré juste, du moins le principe des localisations cérébrales était alors déjà franchement admis et ouvertement enseigné.

Les sens internes comprennent : d'abord un sens qui est le complément immédiat des sens externes, et qu'on peut appeler sens central-commun ; puis trois puissances que nous grouperons ensemble, l'imagination, le sens appréciatif et la mémoire sensitive.

Le sens central-commun paraît être le même chez les animaux supérieurs, non raisonnables, et chez l'homme. L'imagination, le sens appréciatif et la mémoire sont plus parfaits chez l'homme que chez tous les autres animaux : ils participent, dans une certaine mesure, à la puissance intellectuelle qui les avoisine dans le même être.

Étudions successivement ces diverses puissances.

I

LE SENS CENTRAL.

I. — Double objet du sens central : 1º il prend conscience de la sensation externe ; 2º il distingue et groupe les objets des sens particuliers. Ce double rôle vient de ce qu'il est la racine commune des sens externes.
II. — Le sens central n'est pas spécialement chargé de connaître les *sensibles communs* : grandeur, figure, nombre, mouvement, repos. Comment ces sensibles sont connus par les sens particuliers.
III. — Organe du sens central. — Organes intérieurs des sens externes.

I. — Ainsi que l'avait vu Aristote, le sens central a un double objet : il perçoit l'acte par lequel sentent les sens externes, c'est sa première fonction ; la seconde consiste à distinguer les uns des autres les sensibles propres, objets des sens externes, à les grouper pour une perception complexe. Ce sens a donc pouvoir sur tous les premiers sens qu'impressionne le monde extérieur ; il leur sert de centre, les domine et les réunit ; bien plus, et nous le redirons, il est comme leur source commune, l'origine de leur activité, et saint Thomas l'appelle, pour cela, « sens commun » (1).

Puisque ce « sens commun » sent l'acte des sens externes, il est une sorte de conscience sensitive. Mais est-ce à dire que les sens externes soient inconscients ? Sentir sans conscience ne serait-ce point sentir sans sentir, c'est-à-dire ne point sentir du tout ? Et si les sens externes ont déjà conscience de leur acte, qu'est-il besoin de supposer un autre sens pour en prendre conscience à nouveau ?

Sans doute, si l'on entend par inconscience l'obscurité complète au point de vue de la connaissance, la nuit totale, on peut dire qu'avant l'intervention du sens central-commun, les sens externes ne sont pas rigoureusement inconscients. Il restera à essayer de préciser tout à l'heure où se fait, dans quel organe s'opère la perception élémentaire des sens dits externes : mais il faut, avec saint Thomas, accorder que c'est vraiment une connaissance, et par conséquent que ce n'est pas un phénomène incons-

---

(1) Sensus interior non dicitur communis per prædicationem sicut genus, sed sicut communis radix et principium exteriorum sensuum (I, q. LXXVIII, a. 4, ad 1).

cient, en entendant ce terme comme nous venons de le dire.

Mais si conscience signifie acte de sentir ce qu'on sent avec distinction aperçue du sujet sentant et de l'objet senti, maintenons, avec saint Thomas encore, que les sens externes n'ont pas une telle conscience, qu'il ne leur appartient pas de distinguer sujet et objet, à la fois de percevoir une apparence sensible et d'apercevoir qu'ils la perçoivent. Cette *aperception* est réservée au sens central commun (1). Un sens externe fait luire une certaine forme, manifeste une certaine qualité, comme un fait sensible ; mais à ce premier degré la sensibilité ne met pas en relief un sujet d'une part et un objet de l'autre, le sujet est comme confondu avec l'objet, ou plutôt la qualité, couleur, son, odeur, saveur, tangibilité, est la seule actualité qui apparaisse ; la sensation ne montre pas autre chose. Le sens commun vient compléter ce premier acte en le saisissant ; il le développe et le dédouble en deux représentations, et dès lors nous nous sentons sentir quelque chose de sensible.

(1) Sicut quum aliquis videt se videre : hoc enim non potest fieri per sensum proprium, qui non cognoscit nisi formam sensibilis a quo immutatur ; in qua immutatione perficitur visio,

Saint Thomas, toujours appliqué à joindre la considération du corps à celle de l'âme, dans l'étude de la vie sensitive, explique la nécessité d'un « sens commun » ajouté aux sens propres, par l'incapacité d'un organe matériel à faire naître, au moyen de la modification même spirituelle qu'il éprouve, un acte double, se réfléchissant en quelque sorte sur lui-même. Pour que la première sensation produisît la conscience d'elle-même, il faudrait que son organe, déjà impressionné par la chose extérieure, s'impressionnât lui-même : or il ne peut le faire, car ce qui est matériel agit au dehors ou pâtit du dehors, mais ne se retourne pas au dedans (1). La conscience sensitive, sensation de la sensation, exige donc deux modifications successives dans deux organes associés, mais distincts. La première, dans le premier organe, fera éclore la manifestation pure et simple de la qualité sensible; la seconde, suite de celle-là et conséquen-

---

et ex qua immutatione sequitur aliqua immutatio in sensu communi, qui visionem percipit (I, q. LXXXVIII, a. 4, ad 2).

(1) Sensus proprius sentit secundum immutationem materialis organi a sensibili exteriori. Non est autem possibile quod aliquid materiale immutet seipsum, sed unum immutatur ab alio, et ideo actus sensus proprii percipitur per sensum communem (I, q. LXXXVII, a. 3, ad 3).

ce de l'action du premier organe sur le second, donnera le jour à l'acte complet de sensibilité par lequel le sujet se connaît lui-même comme connaissant un objet, se pose en fait comme posant une réalité sensible distincte de lui.

Cette explication n'est pas pour déplaire à nos physiologistes, qui voient d'abord les extrémités nerveuses, du côté de l'extérieur, impressionnées par les mouvements de la nature ambiante, puis une sorte de courant nerveux dont l'essence est encore inconnue, transmettre cette impression initiale à quelque partie du cerveau, en s'arrêtant peut-être, comme à une étape, en quelque centre intermédiaire pour y constituer la sensation élémentaire, mais dans tous les cas ne formant qu'au terme de sa marche la sensation complète et distinctement consciente.

Nous avons annoncé une autre fonction du sens central-commun : il a encore pour mission de distinguer et de grouper les données de plusieurs sens externes par un certain jugement sensible, embrassant d'un seul coup d'œil les sensations d'espèces différentes (1).

---

(1) Sensus proprius judicat de sensibili proprio, discernendo ipsum ab aliis quæ cadunt sub eodem sensu, sicut discernendo album a nigro vel a viridi. Sed discernere album a dulci

Chaque sens particulier perçoit son objet propre ; mais, suivant la remarque ingénieuse d'Aristote reprise par saint Thomas, chacun de ces sens est, par rapport à son voisin, comme un individu par rapport à un autre individu (1). La vue ne saurait rien du son, ni l'ouïe de la couleur, s'il n'y avait un « sens commun » : sans celui-ci, la vue ne pourrait comparer le son à la couleur, distinguer l'un de l'autre, et les associer ensemble pour fournir la base de la perception d'un coloré résonnant.

Ce second rôle du sens central-commun s'appuie sur le premier. Pour pouvoir distinguer et rassembler les sensibles propres, il est évident que ce sens supérieur doit être capable de les percevoir tous, et il peut le faire, puisqu'il prend conscience de l'opération de tous les sens particuliers et par là connaît tous leurs objets spéciaux. Par son application à chacun de ces sens,

non potest neque visus neque gustus, quia oportet quod qui inter aliqua discernit utrumque cognoscat. Unde oportet ad sensum communem pertinere discretionis judicium, ad quem referantur, sicut ad communem terminum, omnes apprehensiones sensuum (I, q. LXXVIII, a. 4, ad 2).

(1) Ita enim esset si diversis potentiis sentiremus dulce et album, sicut si diversi homines sentirent, unus dulce et alius lalbum ; puta si ego sentio hoc, et ille illud (in III *de Anima*, ect. III).

il saisit plusieurs sensibles spécifiquement différents, comme le blanc et le doux ; par son unité maîtresse, il juge leur différence et les réunit sous la forme commune de sensible.

On voit donc, enveloppé dans la perception de ce sens central, un embryon de généralisation. Ce n'est certes pas encore l'universalisation intellectuelle ; néanmoins, saint Thomas n'hésite pas à le reconnaître, si le « sens commun » étend son empire sur tous les objets des cinq sens particuliers, c'est qu'il est fait pour saisir le sensible comme sensible, et par suite le sensible quel qu'il soit, celui qui est visible, celui qui est objet de l'ouïe ou de l'odorat, ou du goût, ou du toucher. Le « sens commun » a sa catégorie qui se retrouve en tous les sensibles spéciaux : voilà la raison de son pouvoir en extension (1).

Les deux fonctions du sens central-commun émanent de son caractère principal que nous avons déjà signalé : il est la source première

---

(1) Nihil prohibet inferiores potentias vel habitus diversificari circa illas materias quæ communiter cadunt sub una potentia vel habitu superiori, quia superior potentia vel habitus respicit objectum sub universaliori ratione : sicut objectum sensus communis est sensibile, quod comprehendit sub se visibile et audibile ; unde sensus communis, quum sit una potentia, extendit se ad omnia objecta quinque sensuum (1, q. 1, a. 3, ad 2 .

d'où découle toute la vertu des sens externes, et en retour c'est à lui qu'aboutissent les impressions diverses éprouvées par ces sens. De l'organe du « sens commun », la sensibilité dérive dans tous les organes des cinq sens spéciaux (1) : c'est au fond la même activité sous des formes variées ; comme l'appareil organique, qui en est l'instrument, est intimement un seul système corporel, de même la vitalité sensitive, répandue dans ce réseau riche et harmonieux, a son unité fondamentale dont le sens central est le principe. Voilà pourquoi ce sens a conscience des opérations des autres, discerne et rallie leurs objets.

II. — Faudrait-il, en outre, attribuer au sens central-commun des objets qui lui appartiendraient en propre, qui constitueraient son domaine spécifique ? Serait-il chargé de connaître les « sensibles communs », grandeur, figure, nombre, mouvement, repos ?

Dans son commentaire sur le traité *de l'Ame*, saint Thomas mentionne et réfute une opinion

---

(1) Vis sentiendi diffunditur in organa quinque sensuum ab aliqua una radice communi, a quâ procedit vis sentiendi in omnia organa, ad quam etiam terminantur omnes immutationes singulorum organorum (in III *de Anima*, lect. III).

de son temps d'après laquelle le « sens commun » aurait pour objets à lui propres ces sensibles communs (1). Dans l'opuscule intitulé *des Puissances de l'âme*, il semble adopter cette opinion, car il dit expressément : « La première utilité du sens commun est de saisir tous les sensibles communs, lesquels ne sont pas saisis par le sens propre : en effet, le sens propre ne saisit pas d'abord et par soi la figure ou le mouvement, mais comme par accident. Le sens commun, au contraire, saisit par soi les sensibles communs, qui sont cinq selon le Philosophe, au second livre *de l'Ame :* mouvement, repos, grandeur, figure, nombre.... Les sensibles communs, qui se divisent en cinq, comme il vient d'être dit, répondent par soi au sens commun » (2). Cette

---

(1) Dicunt igitur quidam quod hujusmodi communia sensibilia non sunt sensibilia per accidens... quia hujusmodi sensibilia communia sunt propria sensui communi, sicut sensibilia propria sunt propria singulis sensibus.... Responsio incompetens est : ... quia falsum est quod ista sensibilia communia sint propria objecta sensus communis (in II *de Anima*, lect. XIII). — Cf. in III *de Anima*, lect. 1.

(2) Sensus communis... habet apprehendere omnia sensata communia, quæ sensus proprius non apprehendit ; non enim sensus proprius primo et per se apprehendit figuram vel motum, sed quasi per accidens. Sensus autem communis per se apprehendit sensibilia communia, quæ sunt quinque secundum Philosophum, II *de Anima* : scilicet motus, quies, magnitudo,

assertion fait supposer que cet opuscule *des Puissances de l'âme* n'exprime pas toujours exactement la doctrine de saint Thomas, mais quelquefois un enseignement de l'École d'alors, auquel il ne donne pas son assentiment personnel. En effet, dans le commentaire sur le traité *de l'Ame* d'Aristote, il développe les raisons qui doivent faire attribuer aux sens particuliers la connaissance des sensibles communs ; dans son propre traité *de l'Ame*, il ne fait pas de ces sensibles le patrimoine du « sens commun » (1) ; enfin, dans la *Somme théologique*, il prouve avec force et avec netteté que ces sensibles meuvent les sens au moyen des sensibles propres, dont ils varient l'impression, qu'ils sont donc justiciables des cinq sens externes en même temps que les sensibles du premier ordre, et qu'il n'y a aucun motif de les affecter spécialement à une autre puissance (2).

---

figura, numerus.... Commune..dividitur in quinque, ut dictum est, quæ per se respondent sensui communi (*de Potentiis animæ*, cap. iv).

(1) *Q. disp. de Anima*, a. 13.

(2) Sensibilia communia non movent sensum primo et per se, sed ratione sensibilis qualitatis, ut superficies ratione coloris ; nec tamen sunt sensibilia per accidens, quia hujusmodi sensibilia aliquam diversitatem faciunt in immutatione sensus : alio enim modo immutatur sensus a magna superficie et

Il est facile de voir que la grandeur, la figure, le nombre, le mouvement et le repos se ramènent à des quantités différentes selon lesquelles les objets agissent sur les sens particuliers. La grandeur est une quantité extensive dans laquelle est mesurée la qualité sensible ; la figure dessine le contour de cette quantité ; le nombre marque des divisions dans l'extension, limite ou multiplie l'impression successive ; le mouvement et le repos sont des variétés du multiple et de l'unité, car ce qui est mû change de grandeur, de lieu ou de qualité, et ce qui est en repos ne change pas, lorsqu'il pourrait changer (1). Les sens externes sont donc modifiés diversement selon la diversité de ces caractères communs que présentent les objets ; je dis communs, car il est évident que ces caractères appartiennent

---

a parva ; quia etiam ipsa albedo dicitur magna vel parva, et ideo dividitur secundum proprium subjectum (I, q. LXXVIII, a. 3, ad 2). — Sic autem se habet sensus ad cognoscendum res, inquantum similitudo rerum est in sensu. Similitudo autem alicujus rei est in sensu... uno modo, primo et per se, sicut in visu est similitudo colorum et aliorum propriorum sensibilium ; alio modo, per se, sed non primo, sicut in visu est similitudo figuræ vel magnitudinis et aliorum communium sensibilium omnium (I, q. XVII, a. 2).

(1) Sensibilia vero communia omnia reducuntur ad quantitatem (I, q. LXXVIII, a. 3, ad 2).

à plusieurs qualités sensibles, que la couleur, par exemple, et la tangibilité font sentir avec elles diverses grandeurs ou figures, divers nombres ou mouvements, aussi bien que le repos ; que le son, l'odeur, la saveur se manifestent avec nombre, repos ou mouvement, et qu'ainsi les sensations primitives contiennent, sous leurs formes spécifiques, des déterminations communes, éléments importants de la connaissance.

III. — Le sens central-commun, comme toute puissance sensitive, doit avoir son organe en quelque partie du corps. Avant de rechercher quel point saint Thomas lui donnait pour siège, il me paraît utile de compléter ce que nous avons dit des organes des sens externes.

On peut dire que, même pour saint Thomas, les organes des sens particuliers, avant d'aboutir par leurs prolongements ou leurs annexes à celui du sens central-commun, ont un premier centre corporel de leur activité externe dans quelque région intérieure de l'organisme : à vrai dire, même, leurs extrémités vers la périphérie du corps ne sont que des vestibules où se préparent les « modifications spirituelles » qui donnent naissance aux sensations.

Si l'on s'en rapportait à l'opuscule *des Puissances de l'Ame*, la localisation des organes des sens particuliers aurait été déterminée par saint Thomas avec une assez grande précision (1). La vue, qui a pour organe périphérique l'humeur aqueuse de la pupille, aurait pour organes intérieurs les deux nerfs visuels qui partent du cerveau. L'organe de l'ouïe serait l'air en repos enfermé dans la concavité de chacun des nerfs acoustiques, qui proviennent aussi du cerveau. L'odorat aurait son principe dans la partie antérieure du cerveau, et ses organes extérieurs

(1) Organum proximum et extrinsecum visus sunt oculi, primum autem et intrinsecum sunt nervi visuales... Auditus est vis ordinata in nervis mollibus a cerebro procedentibus.... Objectum autem auditus est sonus, qui habet immutare auditum per hoc quod habet tangere aerem quietum collectum in concavitate nervi auditus. Olfactus est vis ordinata in anteriori parte cerebri, cujus organi sunt nares et duæ mollities similes capitibus mamillarum, per quas remittit ad cerebrum odorem sibi oblatum ab aere, cui hujusmodi odor permiscetur. Gustus est vis ordinata in nervo expanso supra corpus linguæ... Tactus est vis diffusa per ossa, carnem et cutem... Sicut autem est in visu, quod unum habet organum publicum extra, scilicet pupillam, et aliud intra, in quo fit judicium, sicut vult Philosophus in libro *de Sensu et Sensato* ; ita est et in tactu. Quia organum in quo fit apprehensio, est caro et quælibet pars secundum æqualitatem mixti. Illud autem in quo ultimo fit judicium, est nervus interior et cerebrum, quod, licet sit de se insensibile, est tamen principium sentiendi ipsi nervo (*de Potentiis animæ*, cap. III).

seraient les narines avec deux parties molles semblables à des mamelons, par où est renvoyée au cerveau l'odeur apportée par l'air du dehors. Le goût résiderait dans le nerf répandu sur le corps de la langue. Le toucher, dont la peau, la chair et les os sont les organes pour recevoir la première impression, aurait aussi un organe plus interne où se ferait la perception finale, et ce serait le nerf intérieur aboutissant au cerveau : il est observé, à ce propos, que le cerveau, bien qu'insensible par lui-même, est néanmoins le principe de la sensation pour le nerf.

Je dois rappeler que cet opuscule *des Puissances de l'âme* ne relate peut-être pas en toute rigueur les conclusions de saint Thomas lui-même. Dans son commentaire sur le traité *du Sens et du Sensible* d'Aristote, saint Thomas suit de plus près le philosophe grec, mais indique assez clairement que les sens particuliers ont quelque organe intérieur, ajouté à leur organe superficiel.

D'après ce dernier ouvrage, le principe organique de la vue n'est pas l'humeur aqueuse de la pupille, mais le point de rencontre des deux nerfs visuels vers le cerveau : l'humeur de l'œil reçoit la modification initiale sous l'action de la lumière, et cette modification est transmise à l'intérieur des nerfs jusqu'au principe organique de la vue. De même, l'organe principal de l'ouïe et de l'odorat sont vers le cerveau (1). Mais les organes intérieurs du goût et du toucher sont vers le cœur. Il n'en faudrait pas conclure qu'il y ait, au fond, deux sources de l'activité sensitive, l'une dans le cerveau, l'autre dans le cœur. Fidèle à l'enseignement d'Aristote, saint Thomas place dans le cœur l'origine première de cette activité en même temps que de la chaleur vitale ; et de là il fait découler cette force dans le cerveau, d'où elle se répand dans les organes de la vue, de l'ouïe et de l'odorat ; le toucher et le goût puisent directement au cœur (2).

(1) Principium visionis est interius juxta cerebrum, ubi conjunguntur duo nervi ex oculis procedentes. Et ideo oportet quod intra oculum sit aliquod pespicuum receptivum luminis, ut sit uniformis immutatio a re visa usque ad principium visivum (in lib. *de Sensu et Sensato*, lect. v). — Organum odoratus dicitur esse in loco qui est circa cerebrum (*ibid.*).

(2) Sicut visivum principium non est in superficie oculi, sed intrinsecus ; ita etiam principium tactivum est intrinsecus circa cor.... Nec tamen oportet esse duo principia sensitiva in animali, unum circa cerebrum ubi constituitur principium visivum, odorativum et auditivum, et aliud circa cor ubi constituitur principium tactivum et gustativum. Sensitivum enim principium primo quidem est in corde, ubi est fons caloris in corde animalis. Nihil enim est sensitivum sine calore, ut dicitur in libro *de Anima*. Sed a corde derivatur virtus sensitiva ad

Il faut avouer que l'opuscule *des Puissances de l'âme* offre une description plus rapprochée des données scientifiques de notre époque. C'est aussi dans cet opuscule que l'organe du « sens commun » est mieux localisé : il est placé à la première concavité du cerveau, et du cerveau partent, est-il dit, les nerfs des sens particuliers (1).

Malgré des tâtonnements et des erreurs, il est juste de rendre hommage à ce large esprit de recherche qui, au moyen âge, portait les philosophes à étudier l'organisme en même temps que les facultés de l'âme. L'anatomie et la physiologie leur paraissaient des auxiliaires naturels de la philosophie ; et si les mêmes hommes ne pouvaient tout savoir, du moins tous estimaient que, pour bien entendre une science, il convient de ne pas rester totalement étranger aux sciences voisines.

cerebrum, et exinde procedit ad organa trium sensuum, visus, auditus et odoratus; tactus autem et gustus referuntur ad ipsum cor per medium conjunctum, ut dictum est (in lib. *de Sensu et Sensato*, lect. v).

(1) Est ergo sensus communis a quo omnes sensus proprii derivantur, et ad quem omnis impressio eorum renuntiatur, et in quo omnes conjunguntur. Ejus enim organum est prima concavitas cerebri, a quo nervi sensuum particularium oriuntur (*de Potentiis animæ*, cap. IV).

II

L'IMAGINATION, LE SENS APPRÉCIATIF, LA MÉMOIRE.

I. — L'imagination conserve et rappelle les données des autres sens. — L'imagination de l'homme a une initiative créatrice que n'a pas celle de l'animal. — Organe de l'imagination.
II. — Supériorité du sens appréciatif de l'homme sur celui de l'animal. — Chez l'homme, ce sens mérite d'être appelé raison particulière. — Organe du sens appréciatif.
III. — Rôle de la mémoire sensitive. — Supériorité de cette puissance chez l'homme. — Son organe.

I. — La connaissance sensible serait bien pauvre, si elle était réduite à la sensation des qualités présentes, même avec conscience de l'opération, avec discernement et groupement de ces qualités diverses, par un sens dominateur et central. Il est heureux que la nature ait pourvu à la conservation de ces premières données, en l'absence des objets extérieurs.

L'imagination est précisément chargée de recevoir à part les images des formes nées dans les sens externes, saisies et groupées par le sens central, de les retenir, de les mettre en réserve et de les rappeler en les associant les unes aux autres (1).

Aristote avait déjà observé que cette faculté est mise en mouvement par les sens particuliers, qu'elle ne peut rien sans eux, et que ses représentations sont des reproductions de ce qu'ils ont eux-mêmes reçu des choses (2). A la suite d'une sensation externe s'imprime naturellement dans l'imagination une nouvelle similitude, et cela très rapidement; cette image est comme le prolongement de la première ressemblance éprouvée par quelque sens sous l'influence des réalités environnantes. La sensation cesse, l'image interne demeure, quelquefois avec son actualité continuée, d'autres fois en s'effaçant, en se réduisant à un état potentiel,

---

(1) Ad harum autem formarum retentionem aut conservationem ordinatur phantasia sive imaginatio, quæ idem sunt: est enim phantasia sive imaginatio thesaurus quidam formarum per sensum acceptarum (I, q. LXXVIII, a. 4).
(2) Concludit quod phantasia sit quidam motus causatus a sensu secundum actum ; qui quidem motus non est sine sensu, neque potest inesse his quæ non sentiunt. Quia, si aliquis motus fit a sensu secundum actum, similis est motui sensus, et nihil aliud nisi phantasia invenitur esse tale : relinquitur ergo quod phantasia erit hujusmodi motus (in III *de Anima*, lect. IV).

d'où la fera sortir, pour la mettre encore en relief, quelque autre image, à laquelle l'enchaînera un rapport de conformité, de contraste, d'assemblage par le temps, le lieu ou autre circonstance.

Ajoutons que l'imagination recueille aussi les données fournies par les autres sens internes, sens central, sens appréciatif, mémoire sensitive, et en grossit son trésor. Saint Thomas le suppose quand il enseigne qu'elle est le dernier intermédiaire entre les sens et l'entendement, le foyer où s'offre, devant l'illumination supérieure de l'intelligence, le résultat de toute l'élaboration sensible (1).

L'imagination de l'animal a son pouvoir limité par la manière dont les faits se sont présentés aux sens externes. Celle de l'homme a une initiative propre, une capacité de créer, en quelque sorte, des associations nouvelles d'images, des groupes que la nature n'a jamais montrés, dont elle a seulement fourni les éléments partiels. Cette vertu d'invention a une immense

(1) Necesse est, ad hoc quod intellectus actu intelligat suum objectum proprium, quod convertat se ad phantasmata, ut speculetur naturam universalem in particulari existentem (I, q. LXXXIV, a. 7).

portée ; car elle est l'origine, dans l'ordre imaginatif, de cette variété indéfinie de combinaisons avec laquelle l'art humain se fait un monde imaginaire en transformant comme il lui plaît la représentation du monde réel. Nous observons des choses, des êtres naturels, avec leur figure, leur couleur, leurs caractères inhérents ; puis nous prenons un caractère de celui-ci pour le joindre à un caractère de celui-là : nous imaginons un homme de pierre, un lion de bronze, une montagne d'or, nous disons même, par un concours d'imagination et d'intelligence, qu'un homme est un lion parce qu'il représente de cet animal la fougue grandiose, qu'un marbre vit et parle parce qu'il a l'apparence de la vie et de la parole ; et nous savons bien cependant que jamais nous n'avons pu voir de sujets physiques portant en eux réunies les qualités que nous supposons assemblées. Si l'animal souvent se trompe, prend ce qui est inerte pour un être vivant, une figure de bois et d'étoffe pour un homme à craindre, jamais, ce semble, il n'imaginerait de représenter la vie avec ce qui offre les qualités d'une chose inanimée ; ou du moins, jamais aucun animal ne montre en lui cette facilité humaine de diviser et de réunir les formes de l'imagination en dehors des combinaisons perçues par les sens.

Le philosophe arabe, Avicenne, qui était aussi médecin (980-1036), avait si bien reconnu l'importance de l'originalité que possède notre imagination, qu'il avait fait une puissance spéciale de cette fantaisie créatrice. Averroës, autre philosophe et médecin arabe (1110-1198), ne conserva pas cette distinction radicale et se contenta d'attribuer à l'imagination de l'homme une activité plus féconde qu'à celle de l'animal. Saint Thomas suit cette opinion d'Averroës, qui, en effet, paraît fondée (1) : séparer et rassembler à sa guise des représentations conservées d'abord suppose plus d'énergie imaginative que les conserver simplement et les rappeler dans l'ordre où elles ont été primitivement saisies ; néanmoins, l'objet dans les deux cas est de même espèce, la fonction est de même catégorie, et par consé-

---

(1) Avicenna vero ponit quintam potentiam mediam inter æstimativam et imaginativam, quæ componit et dividit formas imaginatas ; ut patet quum ex forma imaginata auri et forma imaginata montis componimus unam formam montis aurei, quam nunquam vidimus. Sed ista operatio non apparet in aliis animalibus ab homine, in quo ad hoc sufficit virtus imaginativa : cui etiam hanc actionem attribuit Averroës in libro quodam quem fecit de sensu et sensibilibus (I, q. LXXVIII, a. 4).

quent c'est toujours la même puissance plus ou moins parfaite.

Quel est l'organe de l'imagination ? D'après l'opuscule *des Puissances de l'âme*, il paraît que, du temps de saint Thomas, on le localisait derrière l'organe du « sens commun » dans le cerveau : on supposait que cette partie de l'encéphale se prêtait mieux à la conservation des images que la première « concavité », parce qu'elle était moins humide (1). Dans la *Somme théologique*, saint Thomas se montre encore préoccupé de ce point de vue, bien qu'il ne reproduise pas cette localisation de l'organe de l'imagination. — « Recevoir et retenir, dit-il, se ramènent dans les choses corporelles à des principes divers ; car les choses humides reçoivent bien et retiennent mal ; c'est le contraire qui arrive pour les choses sèches. Donc, puisque toute puissance sensitive est l'acte d'un organe corporel, il faut une puissance distincte pour recevoir les formes des sensibles, et une autre pour

---

(1) Hujus organum est post organum sensus communis in parte cerebri quæ sic non abundat humido sicut prima pars cerebri in qua situm est organum sensus communis : et ideo melius potest retinere formas sensibiles re absente (*de Potentiis animæ*, cap. iv).

les conserver (1). Quelle que soit la valeur de cette raison, nos physiologistes doivent reconnaître l'attention constante que saint Thomas donne aux observations de l'ordre matériel, pour diriger ses recherches philosophiques.

II. — La supériorité de l'homme sur l'animal, qui apparaît déjà dans l'imagination, est encore plus remarquable dans les deux sens internes qui complètent la série des facultés de connaissance sensitive, le sens appréciatif, que saint Thomas appelle « puissance estimative » chez l'animal, et « cogitative » chez l'homme, enfin le sens mémoratif ou mémoire sensitive.

Le sens appréciatif achève, dans l'ordre sensible, la perception commencée par les sens externes et le sens central-commun, en fait une perception de choses individuelles, au lieu d'une simple appréhension de qualités.

Une analyse fort délicate permet de marquer la différence entre l'appréciation purement ani-

---

(1) Recipere autem et retinere reducuntur in corporalibus ad. diversa principia ; nam humida bene recipiunt et male retinent; e contrario autem est de siccis. Unde, quum potentia sensitiva sit actus organi corporalis, oportet esse aliam potentiam quæ recipiat species sensibilium, et quæ conservet (I, q. LXXVIII, a. 4).

male et l'appréciation humaine dans la sphère du sensible.

L'animal paraît guidé, dans son estimation des choses, par l'utilité qu'elles lui présentent pour la satisfaction de ses instincts, ou par l'obstacle qu'elles opposent à la tendance de ses appétits. Il semble bien que telle est la mesure de ses jugements : qu'un objet lui serve ou le contrarie, il y fait attention, il l'apprécie comme individuellement favorable ou défavorable au développement de ses inclinations individuelles ; mais ce qui n'a pas de rapport avec ce qu'il peut faire ou pâtir, le laisse indifférent, et ce qui est point de départ de ce qu'il éprouve ou terme de ce qu'il fait, il ne s'y intéresse que dans la proportion où lui-même est en jeu.

« La brebis connaît cet agneau, non pas précisément en tant qu'il est cet agneau, mais en tant qu'il est allaitable par elle ; et cette herbe, en tant qu'elle est sa nourriture » (1).

Cependant le sens estimatif révèle à l'animal des caractères dont les sens externes ne reçoivent pas l'impression ; il pénètre plus au fond

---

(1) Ovis cognoscit hunc agnum, non inquantum est hic agnus, sed inquantum est ab ea lactabilis ; et hanc herbam, inquantum est ejus cibus (in II *de Anima*, lect. xiii).

IMAGINATION, APPRÉCIATION, MÉMOIRE 85

des choses et ne se contente pas de montrer des formes colorées, sonores, odorantes, sapides ou tangibles, ni de faire naître plaisir ou peine et d'attirer par la délectation sensible ou de repousser par la douleur : c'est un instinct qui fait juger convenable ou nuisible au sujet ; c'est en quelque sorte la lumière naturelle de l'animal, l'avertissant par une évidence sans réflexion ni raisonnement des exigences de sa nature. « Ainsi la brebis, voyant venir le loup, le fuit, non point parce qu'une couleur ou une figure lui déplaît, mais parce qu'il est son ennemi naturel ; et de même, l'oiseau recueille la paille, non parce qu'elle délecte un de ses sens, mais parce qu'elle lui est utile pour faire son nid » (1).

L'homme va plus loin par son appréciation sensible. Cette faculté au degré humain voit, dans une certaine mesure, l'objet en lui-même comme un sujet de nature déterminée : ce n'est plus seulement un assemblage de couleurs, de sons ou autres formes simplement apparentes ; c'est cette chose ou cet individu qui a ces qualités. La perception n'est pas encore tout à fait

---

(1) Sicut ovis videns lupum venientem fugit, non propter indecentiam coloris vel figuræ, sed quasi inimicum naturæ ; et similiter avis colligit paleam, non quia delectet sensum, sed quia est utilis ad nidificandum (I, q. LXXVIII, a. 4).

intellectuelle, mais elle commence à s'intellectualiser : l'être n'est pas conçu sous forme abstraite et universelle et appliqué à cet être, une nature n'est pas entendue comme genre et espèce dont l'individu est une réalisation singulière ; mais cependant, le sujet individuel est estimé existant avec sa nature individuelle. Lorsque je vois du coloré, je perçois cet homme, cet animal ou cet arbre : je connais cet homme en tant qu'il est cet homme, cet animal en tant qu'il est cet animal, cet arbre en tant qu'il est cet arbre (1). A la perception simple d'une couleur s'est ajoutée l'appréciation d'un sujet coloré ; la connaissance s'est doublée ; elle est plus complète, mais elle n'est pas encore proprement rationnelle ; ou, si l'on veut, son caractère rationnel est encore retenu, enfermé dans le particulier : aussi saint Thomas appelle-t-il « raison par-

---

(1) Si vero apprehendatur in singulari, utputa quum video coloratum, percipio hunc hominem vel hoc animal, hujusmodi quidem apprehensio in homine fit per vim cogitativam, quæ dicitur etiam ratio particularis, eo quod est collativa intentionum individualium, sicut ratio universalis est collativa rationum universalium. Nihilominus tamen hæc vis est in parte sensitiva.... Cogitativa apprehendit individuum ut existens sub natura communi... : unde cognoscit hunc hominem prout est hic homo, et hoc lignum prout est hoc lignum (in II *de Anima*, lect. XIII).

ticulière » ce sens appréciatif de l'homme. C'est un embryon de pensée humaine, ce n'est pas encore la pensée véritable ; c'est toujours un sens, une force organique, mais une « force cogitative ».

Si cette puissance est organique, on en pourra localiser l'organe, et saint Thomas rappelle, dans la *Somme théologique*, que les médecins de son temps le plaçaient au milieu du cerveau (1). La prudence scientifique du philosophe me paraît à remarquer ici, il ne dit pas avec assurance que là est cet organe ; il se contente de dire que les médecins lui assignent cette place. Dans l'opuscule *des Puissances de l'âme*, une localisation différente est attribuée à la faculté « estimative » de l'animal : elle aurait son organe à la région postérieure du milieu du cerveau, tandis que l'organe de la « cogitative » humaine serait la cellule médiane du cerveau, à laquelle on a donné le nom de syllogistique (2).

---

(1) Dicitur ratio particularis, cui medici assignant determinatum organum, scilicet mediam partem capitis (I, q. LXXVIII, a. 4).

(2) Organum autem hujus potentiæ ponitur in brutis in posteriori parte mediæ partis cerebri ; in hominibus autem ejus organum ponitur media cellula cerebri, quæ syllogistica appellatur (*de Potentiis animæ*, cap. IV).

Ce dernier nom vous étonnera peut-être. Il ne signifie point que notre sens appréciatif fasse de vrais syllogismes, à lui seul, déduise des conclusions en partant de propositions universelles qu'il poserait lui-même. Mais en nous cette faculté de penser rudimentaire compare et enchaîne les caractères individuels comme la raison intellectuelle groupe et lie les caractères universels. Pris à part, ce sens ne voit pas de liaison absolument logique entre tel fait particulier et tel autre fait particulier qu'il y associe ; mais il saisit néanmoins quelque analogie singulière qui lui paraît motiver l'association. Et si l'intelligence intervient pour le prendre en main et le diriger dans la voie rationnelle, alors de véritables syllogismes peuvent être développés par ce concours de deux facultés : les propositions universelles seront posées par la raison universelle et, sous la conduite de celle-ci, la raison particulière aidera à déduire les conclusions singulières (1). Ce que, du moins, peut faire seul notre sens appréciatif, c'est de recher-

---

(1) Ipsa autem ratio particularis nata est moveri et dirigi in homine secundum rationem universalem ; unde in syllogisticis ex universalibus propositionibus concluduntur conclusiones singulares (1, q. LXXXI, a. 3).

cher les ressemblances, les analogies individuelles et de les découvrir, de former ainsi des familles d'objets et de préparer les éléments du travail qui est réservé à l'intelligence. Cette élaboration préliminaire n'est pas l'œuvre d'un pur instinct agissant sous une impulsion subite de la nature, comme il arrive à l'estimation de l'animal ; c'est l'application d'une initiative, un déploiement d'activité connaissante en quête de la vérité qui lui est proportionnée (1).

III. — Les données ainsi élaborées par le sens appréciatif sont recueillies, conservées et remises au jour par le sens mémoratif ou mémoire sensitive, comme les formes perçues par les sens externes et le sens central sont prises, gardées et rappelées par l'imagination. Mais cette mémoire ne se contente pas de faire revenir sur la scène les connaissances acquises par l'appréciation ; elle les présente avec l'indication du temps où elles ont été d'abord formées, ou plutôt elle les reproduit en les situant dans un passé représen-

---

(1) Alia animalia percipiunt hujusmodi intentiones solum naturali quodam instinctu, homo autem per quamdam collationem. Et ideo quæ in aliis animalibus dicitur æstimativa naturalis, in homine dicitur cogitativa, quæ per collationem quamdam hujusmodi intentiones ad invenit (I, q. LXXVIII, a. 4).

tatif où chaque chose a sa place plus ou moins éloignée, suivant qu'elle a été primitivement connue avant ou après une autre. Ainsi le passé est un caractère, un rapport, qui relève tout particulièrement de la mémoire.

D'après saint Thomas, on peut constater le lien qui attache la mémoire sensitive au sens appréciatif, si l'on fait attention que le souvenir est appelé, chez l'animal, par l'estimation d'une chose à lui convenable ou nuisible : « Ce qui montre, dit-il, que la puissance mémorative est le trésor où se conservent les appréciations de l'estimative, c'est que le souvenir, dans les animaux, a son principe dans quelque appréciation de ce genre, par exemple dans celle du nuisible ou du convenable » (1). Je me permettrai cependant de faire observer que, peut-être, le plaisir ou la douleur, qui ont accompagné des sensations externes, suffisent pour provoquer le souvenir

---

(1) Ad apprehendendum autem intentiones quæ per sensum non accipiuntur, ordinatur vis æstimativa ; ad conservandum autem eas vis memorativa, quæ est thesaurus quidam hujusmodi intentionum : cujus signum est quod principium memorandi fit in animalibus ex aliqua hujusmodi intentione ; puta, quod est nocivum vel conveniens. Et ipsa ratio præteriti, quam attendit memoria, inter hujusmodi intentiones computatur (I, q. LXXVIII, a. 4).

à l'occasion de sensations semblables : en voyant un bâton, l'animal se souvient d'avoir été battu ; mais peut-être n'a-t-il besoin pour cela que de lier, dans son imagination, l'image du bâton à la représentation rappelée des coups douloureux qu'un pareil bâton lui a infligés, sans que l'estimative ait à intervenir, si, comme saint Thomas semble le dire, cette faculté n'est pas nécessaire pour sentir qu'une impression est douloureuse.

La mémoire sensitive de l'homme a plus d'initiative que celle de l'animal, comme l'appréciation humaine est moins esclave de l'instinct que l'estimation purement animale. Saint Thomas appelle « réminiscence », et non pas simplement souvenir, la recherche en quelque sorte logique des choses passées, que fait notre mémoire en s'évertuant à enchaîner les caractères individuels suivant l'appréciation de leurs rapports (1). Tout le monde connaît ce travail : je me rappelle un petit fait, même assez vaguement, et partant de là je me mets à la poursuite des autres faits qui l'ont accompagné ; je m'aide

---

(1) Ex parte autem memorativæ (homo) non solum habet memoriam, sicut cœtera animalia, in subita recordatione præteritorum, sed etiam reminiscentiam, quasi syllogistice inquirendo præteritorum memoriam secundum individuales intentiones (I, q. LXXVIII, a. 4).

d'analogies, de rapports à peine entrevus, sourdement sentis, et d'une chose à l'autre j'arrive à reconstruire tout l'ensemble des événements dont j'ai été témoin ou acteur à une époque déterminée. Quelquefois c'est le moment précis du passé que j'ai oublié, et que je parviens à ressaisir, à fixer dans la suite du temps écoulé, en analysant les circonstances voisines, en remontant peut-être de proche en proche depuis l'instant présent jusqu'à celui où a eu lieu le fait que je veux situer dans la série des jours ou des heures. On dira peut-être que l'intelligence proprement dite intervient positivement pour diriger cette enquête : c'est possible, je ne le nie point ; mais il faut reconnaître pourtant que la mémoire sensitive, d'elle-même, possède une merveilleuse souplesse d'investigation, qui ne dépasse pas la mesure des rapports individuels et reste, par conséquent, dans la sphère où se meuvent les sens. L'intelligence peut s'en servir et y ajouter sa direction supérieure ; mais elle n'a pas besoin de tout faire par ses propres forces.

Il ne faut donc point hésiter à conclure que le sens appréciatif et le sens mémoratif, chez l'homme, ont une vertu presque rationnelle, une activité de raison particulière, qui les élève au dessus des facultés d'estimation et de mémoire purement animales, sans les égaler cependant à la raison, capable d'universel. C'est la coexistence, dans le même sujet, de l'entendement et de ces sens internes, qui explique la supériorité de ceux-ci (1) : du haut de notre nature, intellectuelle par privilège spécifique, rayonne une certaine énergie de lumière en ces puissances néanmoins organiques ; elles prennent ainsi une capacité tout humaine, sans cesser d'appartenir à l'animalité de l'homme.

Aussi peut-on supposer un organe, localisé en un point de notre corps, qui serve d'instrument à la mémoire sensitive. Dans l'opuscule *des Puissances de l'âme*, l'organe de cette mémoire est placé « à la concavité postérieure du cerveau » (2).

Nous avons achevé l'analyse que nous vou-

(1) Illam eminentiam habet cogitativa et memorativa in homine non per id quod est proprium sensitivæ partis, sed per aliquam affinitatem et propinquitatem ad rationem universalem secundum quamdam refluentiam. Et ideo non sunt aliæ vires, sed eædem perfectiores quam sint in aliis animalibus (I, q. LXXVIII, a. 4).
(2) Organum autem hujus potentiæ est in posteriori concavitate cerebri (*de Potentiis animæ*, cap. IV).

lions faire des opérations des sens, d'après saint Thomas. Nous poserons et essaierons de résoudre, dans notre prochain entretien, le problème difficile de l'objectivité de la sensation. Il s'agit de savoir si les sens nous donnent une connaissance certaine et exacte du monde extérieur ; saint Thomas, je l'espère, nous aidera à trouver la solution, mais à condition de saisir l'esprit de sa philosophie, plutôt que de nous en tenir à la lettre de son enseignement.

IV

L'OBJECTIVITÉ DE LA SENSATION

IV
L'OBJECTIVITÉ DE LA SENSATION

INTRODUCTION

Le problème de l'objectivité de la sensation comprend deux questions : 1º Existe-t-il au dehors un objet sensible ? 2º Cet objet est-il conforme à la représentation donnée par les sens ?

La loi de la connaissance, nous le savons, est l'assimilation du connaissant au connu, et la connaissance est déterminée, en définitive, par une forme interne du sujet connaissant. D'après Aristote et saint Thomas, cette forme interne, dans la sensation, ne peut être dite « spirituelle » que si l'on entend par ce mot une qualité en dehors des modifications physiques ; elle doit être néanmoins dans l'organe sensitif comme la puissance de sentir y est elle-même, c'est-à-dire comme constituant un composé substantiellement un avec cet organe.

Nous avons montré comment les sens internes, sens central-commun, imagination, sens appréciatif, mémoire sensitive, ajoutent leurs opérations à celles des sens externes, complètent et perfectionnent les données de ceux-ci par une conscience et une élaboration spéciale, et nous avons remarqué que les sens intérieurs sont organiques comme les autres sens. Sans attacher grande importance à l'inexactitude possible des localisations d'organes mentionnées par saint Thomas, tant pour les sens internes que pour les sens externes, nous avons souligné le principe de la localisation comme indiqué déjà par Aristote et repris franchement par l'École du moyen âge.

Voyons maintenant si tout ce travail de sensation procure une vraie connaissance du monde extérieur, c'est-à-dire : d'abord, s'il y a quelque objet sensible, réellement existant, qui corresponde à la sensation ; puis, si cet objet sensible, une fois reconnu comme existant, doit être tenu pour conforme à la représentation qu'en donnent les sens.

Jusqu'ici nous n'avons parlé de la connaissance sensitive qu'à titre d'hypothèse ; il est temps d'en établir en thèse la réalité et la certitude, si c'est possible.

I

L'OBJET SENSIBLE.

I. — Critique de l'opinion qui croit pouvoir prouver l'existence de l'objet extérieur par la théorie aristotélicienne de l'unité d'acte entre l'agent et le patient.
II. — Preuve par la véracité naturelle de nos facultés. — La perception extérieure est-elle une hallucination vraie ? comme dit Taine.

I — Le problème de l'objectivité de la sensation se pose d'abord sous cette forme : « Y a-t-il au dehors de nous un objet réel et sensible qui corresponde à ce que nous appelons la perception extérieure » ?

Comment peut-on établir l'existence d'un tel objet ? C'est ce que nous avons à examiner, en nous aidant de la philosophie de saint Thomas, car il est à présumer qu'elle peut nous servir à résoudre le problème. L'examen même montrera si cette présomption est fondée.

Dès les premiers pas de notre investigation, nous rencontrons une interprétation séduisante, où la solution paraît facile. On sait que, d'après Aristote, l'action de l'agent est dans le patient, et qu'au moment où l'agent agit, il ne fait qu'un avec le patient. Or, le sujet sentant reçoit l'action du sensible extérieur ; il est comme patient à l'égard de celui-ci ; ne pourra-t-il donc pas sentir en lui-même l'action de cet agent extérieur, et la sentir comme venant de l'agent, puisque celui-ci est un avec lui et agit en lui ?

Aristote semble suggérer cette solution lorsqu'il dit au deuxième chapitre du troisième livre du traité *de l'Ame :* « L'acte du sensible et celui du sens sont un seul et même acte, bien que leur définition ne soit pas la même : comme, par exemple, le son en acte et l'ouïe en acte. D'ailleurs, il est possible d'avoir l'ouïe et de ne pas entendre, et ce qui a du son ne sonne pas toujours. Mais si ce qui peut entendre entend en effet, et si ce qui peut sonner sonne, alors l'ouïe en acte et le son en acte se font ensemble, et l'on pourrait dire que l'une est l'audition et l'autre l'action de sonner. Or, si le mouvement et l'action et la passion sont dans ce qui subit l'action, nécessairement et le son et l'ouïe en acte sont dans l'ouïe qui était en puissance, puisque l'acte de l'agent et du moteur est fait dans le patient... Il faut dire de même des autres sens et des autres sensibles : car, de même que l'action et la passion sont dans le patient, mais non dans l'agent, de même et l'acte du sensible et celui du sentant sont dans le sentant » (1).

Il y a donc, entre le sujet qui sent et un objet extérieur qui le fait sentir, une telle union nécessaire, que le sujet, pourrait-on dire, doit sentir cet objet agissant en lui. Le dehors et le dedans au moment de la sensation sont continus l'un à l'autre ; si bien que le sujet sent à la fois et l'objet et lui-même.

C'est à peu près de la même manière que M. F. Bouillier explique, dans son ouvrage, *la Vraie conscience*, la première connaissance de quelque chose en dehors de nous. « Comment, dit-il, la conscience, enfermée dans les limites du moi, pourra-t-elle en sortir pour saisir immédiatement quelque chose qui est en dehors de moi ? Ou bien comment ce qui n'est pas de la conscience rentrera-t-il dans la conscience ? Au premier abord il semble qu'il y ait là quelque chose d'impossible ou même de contradictoire. Mais il faut prendre garde qu'entre notre être propre

---

(1) Περὶ ψυχῆς, III, ıı (4, 5, 6), Firmin-Didot.

et ce qui le limite, il y a nécessairement un point de contact, un point d'intersection, pour ainsi dire, où se rencontrent à la fois, indissolublement unis, dans l'être, comme dans la connaissance, au point de vue ontologique, comme au point de vue logique, le moi et le non-moi. Pour emprunter une comparaison à la géométrie, la tangente se confond avec la circonférence du cercle, au point où elle le rencontre, de telle sorte que les deux lignes, à ce point unique, n'en font qu'une, et que la connaissance de l'une ne peut se séparer de celle de l'autre. Ainsi l'effort et la résistance se touchent en un point, où ils sont inséparables l'un de l'autre ; aussi ils se trouvent compris en un même fait de conscience... Là seulement est le fondement inébranlable, en dépit de toutes les subtilités des idéalistes, sur lequel peu à peu l'expérience élèvera l'édifice entier du monde extérieur tel que nous le sentons et le voyons, tel même que la science nous le fait voir et l'explique. A partir de ce non-moi, compris dans le sentiment de nous-mêmes et donné dans le premier fait de conscience, commence pour chacun de nous, avec l'expérience externe, une étude des qualités du monde extérieur, étude qui dure autant que la vie elle-même. Ainsi l'expérience externe s'étaye sur l'expérience interne ; sinon elle ne saurait nous donner l'assurance de cette autre réalité, ni démêler, comme elle le fait, successivement les phénomènes objectifs correspondant aux signes sensibles qui se passent au dedans de nous » (1).

J'ai des doutes très sérieux sur cette possibilité d'atteindre l'extérieur par la conscience de l'intérieur, comme si réellement la chose du dehors en agissant sur nous, pénétrait en nous-mêmes ou, du moins, nous touchait en un point où, se confondant avec nous, elle pût être saisie en nous-mêmes par notre propre conscience.

Je ne pense pas qu'Aristote ait voulu exprimer cette pénétration ou cette confusion, dans sa théorie de l'unité d'acte entre l'agent et le patient. Qu'on lise avec soin le chapitre troisième du troisième livre de sa *Physique :* on y verra que, pour se faire bien comprendre, il donne comme exemple d'action et de passion l'opération de celui qui enseigne et la réception de l'enseignement par le disciple. Or, dans cet exemple, n'est-il pas manifeste que le maître, dans sa personna-

(1) F. Bouillier, *la Vraie conscience*, ch. XIII.

lité, dans son existence, reste en dehors du disciple et que son enseignement seul est reçu par celui-ci ? L'acte d'enseigner et celui d'être enseigné ne sont donc un seul et même acte qu'en tant que résultat de l'opération du maître ; mais cette opération demeure proprement autre que celle du disciple et physiquement extérieure à celle-ci ; c'est le mouvement, c'est-à-dire le changement produit par l'enseignement, qui est dans le disciple, car c'est le disciple qui change et devient instruit, d'ignorant qu'il était ; et il n'y a qu'un seul mouvement, un seul changement, un seul acte, car il n'y a qu'une seule instruction, donnée d'une part et reçue de l'autre. « Pour tout dire en un mot, conclut Aristote, ni enseigner n'est proprement identique à apprendre, ni faire identique à pâtir ; mais ce qui est un, c'est le mouvement où sont compris ces choses : car être acte de celui-ci en celui-là, et être acte de celui-là par celui-ci, c'est autre chose rationnellement » (1).

(1) Ὅλως δ'εἰπεῖν, οὐδ' ἡ δίδαξις τῇ μαθήσει οὐδ' ἡ ποίησις τῇ παθήσει τὸ αὐτὸ κυρίως, ἀλλ' ᾧ ὑπάρχει ταῦτα, ἡ κίνησις· τὸ γὰρ τοῦδε ἐν τῷδε καὶ τὸ τοῦδε ὑπὸ τοῦδ ἐνέργειαν εἶναι ἕτερον τῷ λόγῳ (Φυσικῆς ἀκροάσεως, III, 11 (5), Firmin-Didot.

Saint Thomas dit de même, dans la *Somme contre les Gentils :* « Bien que le mouvement soit acte commun du moteur et du mobile, cependant c'est une autre opération de faire le mouvement et de recevoir le mouvement ; voilà pourquoi on pose deux catégories, faire et pâtir ». Et à quelle occasion saint Thomas reproduit-il ainsi la doctrine d'Aristote ? C'est à propos de l'union de l'âme et du corps. « Si donc, continue-t-il, dans l'acte de sentir, l'âme sensitive se comporte comme agent et le corps comme patient, autre sera l'opération de l'âme et autre celle du corps. L'âme sensitive aura donc quelque opération propre ; elle aura donc aussi une subsistance propre » (1). C'est-à-dire : dans l'hypothèse platonicienne de l'union de l'âme et du corps par simple union d'agent et de patient, car c'est de cette hypothèse qu'il s'agit, l'âme et le corps resteraient, dans leur existence, indépendants l'un de l'autre, comme ils seraient distincts et

---

(1) *Licet motus sit communis actus moventis et moti, tamen alia operatio est facere motum et recipere motum : unde et duo prædicamenta ponuntur, facere et pati. Si igitur in sentiendo anima sensitiva se habet ut agens et corpus ut patiens, alia erit operatio animæ, et alia corporis. Anima igitur sensitiva habebit aliquam operationem propriam ; habebit igitur et subsistentiam propriam* (*C. Gent.*, lib. II, c. LVII).

divers dans leur opération ; il n'y aurait pas entre eux unité d'être ; malgré leur union dans l'acte communiqué par l'âme agissant sur le corps, âme et corps ne seraient que juxtaposés, toujours extérieurs l'un à l'autre.

Il me paraît donc que la communauté d'acte, entre l'agent extérieur et l'organisme sentant, n'est pas une explication suffisante de la perception extérieure. Malgré cette communauté, l'opération du sentant fait simplement suite à celle du sensible, sans que l'une et l'autre se confondent, sans que l'être du sentant soit pénétré, envahi par l'être du sensible : c'est seulement le résultat, le produit, l'effet de l'opération du sensible qui entre dans le sujet sentant et l'imprègne d'une certaine conformité avec l'agent du dehors. L'être qui sent ne peut donc pas sentir en lui-même l'opération du sensible, mais seulement le résultat de cette opération : il ne saurait donc en lui-même percevoir l'opérant extérieur ; mais ce qu'il peut faire, c'est de se représenter quelque chose au dehors parce qu'il est au dedans fait semblable à cet objet ; c'est de percevoir ainsi une qualité sensible dont l'image est empreinte en lui-même.

Cette interprétation est confirmée par ce qu'enseigne saint Thomas sur les divers procédés de connaissance. « Une chose, dit-il, peut être connue de deux façons : soit en elle-même, soit en une autre chose. En elle-même, quand elle est connue par une *espèce* propre, adéquate à l'objet même de connaissance, comme lorsque l'œil voit un homme par l'*espèce* d'homme. Mais est vu en autre chose ce qui est vu par l'*espèce* du contenant, comme lorsqu'une partie est vue dans le tout par l'*espèce* du tout, ou lorsqu'un homme est vu dans un miroir par l'*espèce* du miroir, ou de quelque autre manière qu'une chose soit vue dans une autre. Ainsi, Dieu se voit lui-même en lui-même, parce qu'il se voit lui-même par sa propre essence ; mais les choses autres que lui, il les voit, non en elles-mêmes, mais en lui-même, en tant que son essence contient la similitude de ce qui est autre que lui » (1). L'espè-

(1) Dupliciter aliquid cognoscitur : uno modo in seipso ; alio modo in altero. In seipso quidem cognoscitur aliquid, quando cognoscitur per speciem propriam, adæquatam ipsi cognoscibili : sicut quum oculus videt hominem per speciem hominis. In alio autem videtur id quod videtur per speciem continentis : sicut quum pars videtur in toto per speciem totius ; vel quum homo videtur in speculo per speciem speculi ; vel quocumque alio modo contingat aliquid in alio videri. Sic igitur dicendum est quod Deus seipsum videt in seipso, quia seipsum videt per essentiam suam. Alia autem a se videt non in ipsis, sed in seipso, inquantum essentia sua continet similitudinem aliorum ab ipso (I, q. xiv, a. 5).

ce d'une chose connue, c'est l'image, la similitude de cette chose. Donc, d'après saint Thomas, le sujet qui sent voit une chose en elle-même, lorsqu'il est déterminé à cette vision par une similitude formée en lui et représentant proprement et particulièrement cet objet ; il n'est pas nécessaire, pour cette perception directe, que l'objet lui-même soit dans le sujet sentant, ni le sujet dans l'objet : il suffit que l'objet soit par sa propre image représenté dans le sujet. Si l'on dit que Dieu voit en lui-même les choses qui ne sont pas lui, c'est que l'essence même de Dieu contient par soi les idées de ces choses, sans avoir besoin, pour connaître les réalités, de similitudes surajoutées comme la représentation de l'intelligible s'ajoute à l'intelligence humaine et la perfectionne. Dieu, en se connaissant, connaît tout ce qu'il peut faire et tout ce qu'il fait par imitation partielle de ce qu'il est : c'est en voyant sa propre essence, qu'il voit tout ce qui existe ou peut exister.

Au surplus, nous le savons, l'union de l'objet connu avec le connaissant, principe de la connaissance, est indiquée par saint Thomas comme une loi commune à la connaissance sensitive et à la connaissance intellectuelle : « le sensible en acte est le sens en acte comme l'intelligible en acte est l'entendement en acte ». Or, pour la connaissance intellectuelle d'un objet matériel, il n'y a évidemment pas contact de cet objet avec l'intelligence, mais seulement union interne de la forme représentative de l'objet avec l'entendement ; la pierre n'agit pas directement sur notre faculté intellectuelle, puisque celle-ci transforme seulement en intelligible la représentation sensible que lui présente l'imagination. Donc, l'union de l'objet et du sujet, nécessaire pour la connaissance, signifie proprement et simplement qu'une forme représentative de l'objet ne fait qu'un avec le sujet.

L'explication de la perception sensible, ce n'est donc pas que le sujet sente en lui-même l'objet présent par son action.

Du reste, rappelons-nous qu'entre la chose extérieure et l'organe où le sujet sent, il peut y avoir, non seulement un milieu extérieur au corps du sujet, mais encore un milieu appartenant à ce corps. Nous savons que, même pour Aristote, ce n'est pas la chair qui est l'organe du toucher, mais quelque partie de l'organisme située plus profondément à l'intérieur : la chair n'est qu'un milieu naturellement conjoint, un intermédiaire qui transmet le contact reçu par lui du dehors, et reçu ordinairement au moyen d'un autre milieu, l'air ou l'eau. Donc, si nous sentons un corps solide extérieur à notre corps, ce n'est pas parce que nous sentons le corps extérieur présent en nous par son action directe : ce qui est en contact immédiat avec l'organe du toucher, c'est notre chair, et non par le corps senti ; c'est donc notre chair que nous devrions croire toucher, si l'explication proposée était suffisante, puisque c'est notre chair qui agit immédiatement sur l'organe.

II. — Mais il est temps de donner nous-même une justification de la perception extérieure par les sens. Comment peut-on prouver, en s'appuyant sur la philosophie de saint Thomas, qu'un objet sensible, correspondant à notre sensation, existe réellement au dehors de nous ?

Il est, d'abord, un fait indéniable, c'est que nos sens posent un objet comme extérieur à nous-mêmes. Or, si les sens n'étaient pas des puissances naturelles de connaître, toute l'économie de la connaissance humaine manquerait de base : car les sens fournissent à l'homme la première matière de la connaissance intellectuelle. Cet être naturel serait construit sur le vide ; il serait une absurdité vivante. Il faut donc conclure qu'un objet extérieur existe réellement, ainsi que le dit notre sensation, notre perception sensible.

La nature va naturellement au vrai : et pourquoi n'y tendrait-elle pas ? L'être ne doit-il pas aspirer à l'être ? Le mensonge, la contradiction peuvent-ils se trouver au fond des choses ? Notre raison, d'un coup d'œil simple, voit bien qu'une pareille supposition serait déraisonnable ; en suivant son inclination native vers la lumière, elle affirme que ce qui se fait naturellement se fait avec vérité, et sur ce principe elle fonde sa conviction que les sens sont véridiques dans la donnée essentielle de leur perception normale, c'est-à-dire lorsque, sans défectuosité exceptionnelle dans les circonstances et les organes de leur opération, ils annoncent qu'il y a hors de nous un objet sensible, correspondant à notre sensation.

On le voit, comme il arrive souvent en philosophie, cette preuve est d'ordre métaphysique plutôt que d'ordre physique ou psychologique. Pour la saisir, il faut être habitué à considérer les choses avec cette droiture, cette simplicité de saine raison dont Aristote et saint Thomas nous ont donné maintes fois l'exemple.

Saint Thomas semble même plutôt supposer comme indubitable la véracité première des sens que la démontrer directement. Il fait bien voir que les sens, étant des puissances naturelles, ne peuvent faire autrement que d'avoir toujours le même langage lorsqu'ils sont impressionnés de la même façon, et que, par conséquent, si leur premier dire est vrai, leurs expressions suivantes, dans les circonstances identiques, seront vraies aussi. Il montre aussi que les sens sont en rapport avec leurs objets propres par une adaptation naturelle ; que, par suite, ils doivent être, à l'état normal, impressionnés toujours de même par les mêmes objets propres dans les mêmes circonstances, et prononcer alors, sans défaillance, un jugement invariable sur ces mêmes objets. Mais il ne paraît pas chercher à prouver explicitement que l'appropriation naturelle des sens à leurs objets donne un caractère de vérité certaine à leurs premières indications : il ne juge pas cette preuve nécessaire.

« Comme une chose, dit-il, a l'être par sa propre forme, ainsi une puissance de connaître a la connaissance par la similitude de la chose connue. Aussi, comme les choses naturelles ne défaillent pas de l'être qui leur appartient selon leur forme, mais peuvent défaillir sur quelques points accidentels ou secondaires ; par exemple, comme l'homme peut quelquefois n'avoir pas deux pieds, mais conserve toujours ce qui fait qu'il est homme ; de même les puissances de connaître ne défaillent pas dans leur connaissance au sujet d'une chose dont la similitude devient leur forme, mais peuvent défaillir sur quelque fait secondaire ou accidentel : par exemple, la vue n'est pas trompée sur le sensible qui lui est propre, mais elle peut l'être sur les sensibles communs, qui sont comme une conséquence du sensible propre, et sur les sensibles par accident » (1).

(1) Sicut res habet esse per propriam formam, ita virtus cognoscitiva habet cognoscere per similitudinem rei cognitæ. Unde sicut res naturalis non deficit ab esse quod sibi competit secundum suam formam, potest autem deficere ab aliquibus accidentalibus vel consequentibus ; sicut homo ab hoc quod est habere duos pedes, non autem ab hoc quod est esse hominem ; ita virtus cognoscitiva non deficit in cognoscendo respectu illius rei cujus similitudine informatur, potest autem deficere circa aliquid consequens ad ipsam vel accidens ei : sicut est dictum, art. præc., quod visus non decipitur circa sensibile proprium, sed circa sensibilia communia, quæ consequenter se habent ad illud, et circa sensibilia per accidens (I, q. XVII, a. 3).

« La raison en est évidente, dit-il encore : car à l'égard de son objet propre chaque puissance est ordonnée par soi et selon sa nature même ; or, ce qui est ainsi se comporte toujours de la même manière ; donc, tant que dure une puissance, son jugement n'est pas en défaut sur son objet propre » (1).

Comme Aristote, saint Thomas fait, à ce propos, une différence radicale entre l'imagination et les sens extérieurs. L'imagination est manifestement destinée à représenter les objets absents, tandis que les sens externes les montrent lorsqu'ils sont présents. De cette différence de nature il résulte que, normalement, l'imagination fait voir les choses autrement qu'elles ne sont, car elle les donne comme présentes quand elles sont absentes ; au lieu que les sens extérieurs les saisissent comme elles sont, dans la réalité de leur présence. Ne nous fions donc point à l'imagination ; c'est une maîtresse d'erreur, comme disait Aristote ; mais nous pouvons généralement et avec les pré-

(1) Et hujus ratio est in evidenti, quia ad proprium objectum unaquæque potentia per se ordinatur secundum quod ipsa ; quæ autem sunt hujusmodi, semper eodem modo se habent : unde, manente potentia, non deficit ejus judicium circa proprium objectum (I, q. LXXXV, a. 6).

cautions raisonnables avoir confiance dans le témoignage de nos sens externes (1).

Que faut-il donc penser de la formule de Taine : « La perception extérieure est une hallucination vraie » (2) ?

Cette formule est inexacte, si elle signifie que l'hallucination et la perception par les sens externes sont dues à la même faculté. L'hallucination est une représentation illusoire produite par l'imagination en l'absence de l'objet extérieur, qu'elle met en relief comme s'il était présent. La perception sensible est produite par les sens externes sous l'action actuelle de l'objet extérieur qui les impressionne : et voilà pourquoi la perception d'un sens est alors concordante avec celle des autres sens, le même objet agissant sur plusieurs sens à la fois ;

---

(1) Sed circa apprehensionem sensus sciendum est quod est quædam vis apprehensiva quæ apprehendit speciem sensibilem sensibili re præsente, sicut sensus proprius ; quædam vero apprehendit eam re absente, sicut imaginatio : et ideo sensus semper apprehendit rem ut est, nisi sit impedimentum in organo vel in medio, sed imaginatio apprehendit ut plurimum rem ut non est, quia apprehendit eam ut præsentem quum sit absens ; et ideo dicit Philosophus in IV *Metaph.* quod sensus non est dominus falsitatis, sed phantasia (*de Veritate,*.q. 1, a. 11).

(2) Taine, *de l'Intelligence,* 2ᵉ partie, liv. I, ch. I, § III.

tandis que l'hallucination représentant un sensible ne va pas ordinairement avec une hallucination concordante qui représenterait un autre sensible ; par exemple, si l'on voit par hallucination un objet coloré, on ne peut saisir cet objet par le toucher.

Néanmoins il faut reconnaître que la formule de Taine contient une part de vérité : il est certain, en effet, que la perception extérieure est déterminée par une forme interne qui fait le sens propre semblable à l'objet existant au dehors, comme l'hallucination est déterminée par une forme interne qui fait l'imagination semblable à l'objet absent en réalité et présent en apparence.

II

CONFORMITÉ DE LA SENSATION A L'OBJET EXTÉRIEUR.

I. — La perception extérieure, d'après saint Thomas, est plus exacte pour les sensibles propres que pour les sensibles communs et les sensibles par accident.
II. — Pour les sensibles propres, la sensation est-elle entièrement conforme à l'objet extérieur ? Descartes, Bossuet, Berkeley, Kant, Leibniz, saint Thomas. — Exposé d'une opinion moyenne.
III. — Existence réelle de l'étendue, base principale des sensibles communs. Réponse à l'objection fondée sur la divisibilité indéfinie de l'étendue.

I. — Nous le savons, un objet existe réellement au dehors quand nous avons une sensation normale qui le représente. Mais notre sensation est-elle entièrement conforme à cet objet extérieur ? La ressemblance ne serait-elle pas imparfaite ? Qui sait même si elle ne se réduit pas à une correspondance, à une proportion, entre telle sensation et telle qualité extérieure, l'une variant proportionnellement à l'autre, sans que la sensation soit la copie exacte de la qualité ?

Nous avons maintenant à résoudre ce problème important.

Les sensibles se divisent, d'après Aristote, en sensibles propres, sensibles communs et sensibles par accident.

Nous avons défini précédemment les sensibles propres et les sensibles communs. Que faut-il entendre sous le nom de sensibles par accident ?

Un sensible par accident est ce qui, à l'occasion d'une connaissance par tel sens, est connu, accessoirement et grâce à une concomitance subite, par un autre sens ou par l'intelligence (1).

Ainsi, voir qu'une cloche est sonore signifie qu'en voyant une cloche on rappelle par le souvenir cette cloche comme sonore. Le son est alors visible par accident et non par soi, et cependant il est sensible par soi dans cet exemple, puisqu'il est rappelé par la mémoire sensible.

D'autre part, en voyant une forme humaine,

---

(1) Ad hoc quod aliquid sit sensibile per accidens, primo requiritur quod accidat ei quod per se est sensibile, sicut accidit albo esse hominem et accidit ei esse dulce. Secundo requiritur quod sit apprehensum a sentiente : si enim accideret sensibili quod lateret sentientem, non diceretur per accidens sentiri. Oportet igitur quod per se. cognoscatur ab aliqua alia potentia cognoscitiva sentientis. Et hoc quidem vel est alius sensus, vel est intellectus, vel vis cogitativa aut vis æstimativa (in II de Anima, lect. XIII).

je puis dire : « Je vois cet homme » ; parce que je juge, par appréciation sensitive, que cette forme est celle de cet homme : la nature individuelle d'homme est, dans ce cas, visible par accident et non par soi, tout en étant sensible par soi, puisqu'elle est saisie par la faculté sensitive d'appréciation.

Enfin, en voyant cette table, je vois le type abstrait de table que l'ouvrier a réalisé dans cette table individuelle, c'est-à-dire qu'en voyant cet objet individuel je pense intellectuellement à ce type abstrait, qui est ainsi sensible par accident et non par soi, mais est intelligible par soi, car c'est mon intelligence qui le pense.

Or, saint Thomas enseigne, d'après Aristote, que les sens ne se trompent point dans leur connaissance des sensibles propres, si l'organe et le milieu sont bien disposés, mais se trompent, au contraire, facilement, même à l'état normal, à l'égard des sensibles communs, grandeur, figure, nombre, mouvement, et des sensibles par accident : on peut voir petit ce qui est grand, courbe ce qui est anguleux, un ce qui est multiple, immobile ce qui est mouvement, et l'on peut attribuer à un homme une apparence colorée qui vient d'un mannequin ou d'une toile peinte (1).

Saint Thomas pense que la nature va au vrai pour les choses essentielles, mais est assez souvent défectueuse pour les choses accessoires. Les sens sont ordonnés essentiellement aux sensibles propres; on ne doit pas leur demander la certitude pour d'autres objets que ces sensibles, pour lesquels directement ils sont faits. Si, à l'occasion de leur perception directe, quelqu'une de nos facultés de connaître saisit mal ce qui est au dehors, ils n'en sauraient être responsables. La nature a laissé à l'homme le soin de corriger de telles erreurs, en contrôlant les unes par les autres les opérations de ses diverses puissances, sous la direction souveraine de l'intelligence. C'est ainsi, on le sait, que le toucher est appelé à rectifier les données de la

---

(1) Circa propria sensibilia sensus non habet falsam cognitionem, nisi per accidens et in paucioribus, ex eo scilicet quod propter indispositionem organi non convenienter recepit formam sensibilem ; sicut et alia passiva propter suam indispositionem deficienter recipiunt impressionem agentium ; et inde est quod propter corruptionem linguæ infirmis dulcia amara esse videntur. De sensibilibus vero communibus et per accidens potest esse falsum judicium etiam in sensu recte disposito ; quia sensus non directe refertur ad illa, sed per accidens vel ex consequenti, inquantum refertur ad alia (I, q. XVII, a. 2).

vue, et que la réflexion intellectuelle redresse la connaissance sensible et les jugements trop précipités qui l'accompagnent.

Ces explications se comprennent aisément : aussi ne me paraît-il pas nécessaire de les développer davantage.

Mais je crois devoir examiner de plus près deux questions graves. D'abord, le sensible propre, couleur, son, odeur, saveur, qualité tactile, peut-il exister réellement au dehors tel exactement que nous le sentons ? Puis, la quantité extensive, l'étendue, base principale des sensibles communs, peut-elle avoir une existence réelle en dehors de sa représentation sensible ?

II. — La réalité des sensibles propres a été contestée par plusieurs philosophes. D'après Descartes, suivi par Bossuet, ce ne sont pas les sensibles propres qui existent au dehors, mais seulement les sensibles communs, l'étendue et le mouvement avec leurs diverses modifications : il est inutile de supposer autre chose de réel dans la nature extérieure qui agit sur nos sens ; par là tout s'explique suffisamment, car des mouvements communiqués à nos organes étendus peuvent, grâce à l'union de l'âme et du corps, faire naître en nous des sensations diverses et proportionnées aux excitations reçues.

Berkeley est plus logique : si l'on suppose, pense-t-il, que les qualités sensibles sont purement subjectives, on peut supposer de même que les sensibles communs sont aussi subjectifs ; car ceux-ci comme celles-là nous sont donnés par nos sens : Dès lors, il n'est nullement certain que nous connaissions quoi que ce soit du monde extérieur, ni même s'il existe.

Kant prétend n'être pas idéaliste et paraît penser que quelque chose d'extérieur à nous existe, mais pour lui ni sensibles propres ni sensibles communs n'ont aucune valeur de similitude avec un monde existant réellement au dehors ; ce ne sont que des représentations subjectives, qui ne nous apprennent rien sur ce qu'est la nature dans sa réalité.

D'après Leibniz, la forme sous laquelle le sens propre perçoit l'objet sensible n'a pas été choisie et voulue arbitrairement par le Créateur ; il est possible que nos sensations ne soient pas les images tout à fait exactes des qualités extérieures ; mais, entre les mouvements de notre corps et ceux du corps extérieur, il y a un rapport essentiel, commandé par la nature des choses, et de même les perceptions de notre âme ont un rapport essentiel avec les mouvements de notre corps : si bien qu'en définitive les perceptions de l'âme ont aussi un rapport essentiel avec les mouvements du corps extérieur. Cette relation s'établit par les petites perceptions non distinctes que Leibniz suppose enveloppées dans toutes nos perceptions nettement conscientes. « Ces petites perceptions, dit-il, sont de plus grande efficace qu'on ne pense. Ce sont elles qui forment ce je ne sais quoi, ces goûts, ces images des qualités des sens, claires dans l'assemblage, mais confuses dans les parties ; ces impressions que les corps qui nous environnent font sur nous et qui enveloppent l'infini ; cette liaison que chaque être a avec tout le reste de l'univers . . . Ce sont les mêmes parties insensibles de nos perceptions sensibles qui font qu'il y a un rapport entre ces perceptions des couleurs, des chaleurs et autres qualités sensibles, et entre les mouvements dans les corps, qui y répondent ; au lieu que les cartésiens avec notre auteur (Locke), tout pénétrant qu'il est, conçoivent les perceptions que nous avons de ces qualités comme arbitraires, c'est-à-dire comme si Dieu les avait données à l'âme suivant son bon plaisir, sans avoir égard à aucun rapport essentiel entre les perceptions et leurs objets ; sentiment qui me surprend et qui me paraît peu digne de la sagesse de l'auteur des choses, qui ne fait rien sans harmonie et sans raison » (1).

Saint Thomas est d'avis que la qualité sentie est vraiment semblable et conforme à la qualité sensible extérieure. Cependant il admet que ce qui est senti est dans le sentant à la manière du sentant, comme tout ce qui est connu est dans le connaissant à la manière du connaissant, comme ce qui est reçu est dans ce qui reçoit à la manière de ce qui reçoit (2).

En combinant ces deux points de vue, j'obtiens une théorie sur l'objectivité de la sensation, sinon absolument identique à celle de saint Thomas, du moins encore pénétrée de l'esprit de sa philosophie. Dans cette théorie, la qualité sentie serait bien une similitude de la qualité extérieure, mais avec quelque modification due à la manière d'être du sujet sentant.

En certaines circonstances, il est manifeste

---

(1) Leibniz, *Nouveaux essais sur l'Entendement humain*, avant-propos. — Cf. liv. II, ch. viii.

(2) Receptum est in recipiente per modum recipientis (I, q. LXXXIV, a. 1).

que la sensation apporte une certaine modification à la qualité sensible ; c'est, par exemple, lorsque la qualité sentie est la résultante de certaines qualités élémentaires. Ainsi, quand on fait tourner rapidement un disque sur lequel sont peintes séparément et juxtaposées les sept couleurs primitives du spectre solaire, l'œil voit, non plus ces sept couleurs, mais du blanc, résultat de l'association des couleurs premières : le blanc est bien la similitude complexe des couleurs élémentaires ; c'est cependant une couleur nouvelle, produite par la manière dont les sept couleurs sont senties, car au dehors, sur le disque, ce n'est pas le blanc qui existe, mais ces sept couleurs distinctes, à côté l'une de l'autre.

Je dirai, par analogie, que, dans toute sensation, la manière dont l'organe et le sens reçoivent l'impression du dehors influe sur la forme sentie, et cette manière de recevoir dérive de la constitution même de l'organe et des sens : or, cette constitution a ses caractères propres qui peuvent modifier la sensation.

Cette opinion accorde plus que celle de Leibniz à l'exactitude de la ressemblance entre la forme intérieure et la qualité extérieure. Leibniz, en effet, pouvait, ce semble, se contenter d'un rapport de simple correspondance, entre la perception et l'objet du dehors, pourvu que la relation entre leurs éléments résultât de la nature des choses. « Il y a, dit-il, une manière de ressemblance, non pas entière et, pour ainsi dire, *in terminis*, mais expressive, ou une manière de rapport d'ordre, comme une ellipse et même une parabole ou hyperbole ressemblent en quelque façon au cercle dont elles sont la projection sur le plan, puisqu'il y a un certain rapport exact et naturel entre ce qui est projeté et la projection qui s'en fait, chaque point de l'un répondant suivant une certaine relation à chaque point de l'autre » (1). Pour nous, la représentation interne est une traduction de la qualité externe, où est intervenu le génie personnel du traducteur, où la vérité persiste sous la libre allure de l'interprétation.

Ajoutons que, pour délimiter avec précision la conformité de notre sensation avec l'extérieur, il faudrait distinguer avec soin ce qui est représentatif en nous de ce qui est affectif : il est clair, en effet, que le plaisir ou la peine et toute autre affection analogue, qui peuvent accompagner la

---

(1) *Nouveaux essais sur l'Entendement humain*, liv. II, ch. VIII, § 14.

CONFORMITÉ DE LA SENSATION A L'OBJET 127

perception sensible, ne sont pas la reproduction des faits externes, mais sont des phénomènes purement subjectifs. Cette remarque montre bien la différence entre notre explication et celle de Leibniz. L'auteur des *Nouveaux essais sur l'Entendement* met ensemble la douleur et les perceptions externes. « Lorsque l'organe et le milieu sont constitués comme il faut, dit-il, les mouvements internes et les idées qui les représentent à l'âme ressemblent aux mouvements de l'objet qui cause la couleur, la douleur, etc., ou, ce qui est ici la même chose, l'expriment par un rapport assez exact, quoique ce rapport ne nous paraisse pas distinctement, parce que nous ne saurions démêler cette multitude de petites impressions ni dans notre âme, ni dans notre corps, ni dans ce qui est hors de nous » (1). Leibniz est cependant obligé de reconnaître une différence entre une affection, comme la douleur, et une perception extérieure, comme la couleur : il semble qu'à son avis l'affection traduise seulement les mouvements produits dans notre corps par la chose extérieure, tandis que la perception traduit les mouvements du dehors.

(1) *Nouveaux essais sur l'Entendement*, liv. II, ch. VIII, § 21.

« Il est vrai que la douleur ne ressemble pas aux mouvements d'une épingle, mais elle peut ressembler fort bien aux mouvements que cette épingle cause dans notre corps, et représenter ces mouvements dans l'âme, comme je ne doute nullement qu'elle ne fasse. C'est aussi pour cela que nous disons que la douleur est dans notre corps et non pas qu'elle est dans l'épingle. Mais nous disons que la lumière est dans le feu, parce qu'il y a dans le feu des mouvements qui ne sont point distinctement sensibles à part, mais dont la confusion ou conjonction devient sensible et nous est représentée par l'idée de la lumière » (1). Ne vaut-il pas mieux séparer franchement ce qui est affection interne, comme la douleur, de ce qui est perception extérieure comme la couleur, que de confondre d'abord deux genres si divers, sauf à les distinguer ensuite comme deux espèces d'un même genre ?

En somme, la solution que nous proposons se rapproche de cette conclusion de Léon Dumont : « Les qualités des corps seraient hors de nous analogues, sinon semblables à ce qu'elles sont en nous ; le monde serait à peu près tel

---

(1) *Ibid.*, § 15.

qu'il paraît être au vulgaire ; le sens commun aurait raison contre la philosophie, et ce ne serait point la première fois » (1).

III. — Que faut-il penser de l'existence réelle de l'étendue ? Elle a été fort contestée, et le plus fort argument qu'on ait fait valoir pour démontrer que l'étendue n'existe pas, est celui qui prétend s'appuyer sur une impossibilité métaphysique.

La quantité extensive et continue ne peut, dit-on, exister au dehors telle que l'imagination nous la représente, parce qu'elle implique une multitude infinie de parties actuellement existantes, ce qui est contradictoire : en effet, l'infini numérique actuel est impossible, puisqu'à tout nombre on peut toujours ajouter une unité pour faire un nombre plus grand. Si l'étendue continue existait réellement, les parties juxtaposées dont on la supposerait composée devraient être étendues elles-mêmes, comme le continu total qu'elles formeraient : donc, si petites que fussent ces parties élémentaires, elles seraient elles-mêmes composées de parties plus

---

(1) Léon Dumont, *Théorie scientifique de la sensibilité*, p. 113.

petites, celles-ci composées aussi de plus petites parties, et ainsi de suite indéfiniment. Dans une étendue réelle, il faudrait donc qu'il y eût réellement une infinité actuelle d'éléments partiels ; le nombre en serait donc actuellement infini, ce qui est inadmissible.

Je ne me rangerai pas à l'avis de Leibniz qui ne voyait aucune contradiction à admettre cet « infini actuel » dans la nature. « Chaque portion de la matière n'est pas seulement divisible à l'infini comme les anciens ont reconnu, disait l'auteur de la *Monadologie,* mais encore sous-divisée actuellement sans fin, chaque partie en parties, dont chacune a quelque mouvement propre » (1). — « Il y a une infinité de créatures dans la moindre parcelle de la matière, à cause de la division actuelle du *continuum* à l'infini. Et l'infini, c'est-à-dire l'amas d'un nombre infini de substances, à proprement parler, n'est pas un tout, non plus que le nombre infini lui-même, duquel on ne saurait dire s'il est pair ou impair » (2). Leibniz admirait cet infini dans l'univers comme un reflet des perfections divines.

(1) Leibniz, *Monadologie,* § 65.
(2 Leibniz, *Théodicée,* § 195.

Il ne me paraît pas nécessaire d'aller jusqu'à cette opinion extrême pour répondre à l'objection.

Leibniz admettait la quantité actuellement infinie des éléments de la matière, mais pour lui ces éléments n'étaient pas étendus. « La *monade*, dit-il, n'est autre chose qu'une substance simple qui entre dans les composés, simple, c'est-à-dire sans parties. Et il faut qu'il y ait des substances simples, puisqu'il y a des composés ; car le composé n'est autre chose qu'un amas ou *aggregatum* des simples. Or, là où il n'y a point de parties, il n'y a ni étendue, ni figure, ni divisibilité possible. Et ces *monades* sont les véritable atomes de la nature et en un mot les éléments des choses » (1).

Je pense, au contraire, que les parties élémentaires des corps sont étendues, et que ces atomes réellement et substantiellement existants ne sont pas actuellement en nombre infini : l'étendue qu'ils possèdent n'est pas substantiellement divisée en parties plus petites ; ils sont des atomes réels doués d'une unité substantielle qui fait l'unité de leur extension. S'ils n'étaient pas

(1) *Monadologie*, §§ 1, 2, 3.

étendus, ils ne pourraient en s'agglomérant, quel qu'en fût le nombre, constituer une étendue ; et dès qu'ils sont étendus réellement, comme l'étendue totale qu'ils forment est finie, limitée, ils doivent être eux-mêmes en nombre fini.

Il est vrai que le continu mathématique, géométrique, est indéfiniment divisible ; mais il ne faut pas confondre ce continu abstrait avec l'étendue concrète des corps naturels : ces corps ne sont divisibles que jusqu'à une certaine limite, et l'extension qu'ils portent n'est aussi divisible que jusqu'à ce point (1).

Je ne vois donc pas de raison péremptoire pour nier l'existence réelle de l'étendue.

Concluons que, non seulement pour les sensibles propres, mais encore pour les sensibles communs, fondés sur l'étendue, grandeur, figure, mouvement local et repos, nombre même, car l'étendue divisible comprend unité et multiplicité, la perception sensible nous donne vraiment une première connaissance des objets extérieurs. Cette connaissance a besoin d'être contrôlée et

---

(1) Voir notre volume, *Corps et âme*, pp. 24, 25, 34, 35, 36.

complétée par l'intelligence ; mais, comme nous allons le voir, nos facultés intellectuelles ont besoin elles-mêmes de s'appuyer sur la perception des sens.

V

L'ENTENDEMENT HUMAIN

V

L'ENTENDEMENT HUMAIN

INTRODUCTION

La connaissance par les sens est la préparation de la connaissance intellectuelle.

Nous avons conduit aussi loin que possible la connaissance sensitive : les sens externes en ont fourni les premiers éléments ; le sens central-commun a donné la conscience sensitive avec distinction du sujet et de l'objet, le groupement des objets propres des sens externes en les distinguant d'un sens à un autre ; l'imagination a conservé et reproduit les données des autres sens, en les combinant dans l'homme par un certain pouvoir de création ; le sens appréciatif et la mémoire sensitive ont enfin saisi, conservé et reproduit, avec les caractères du temps, des rapports individuels entre les données sensibles, et sont allés, chez l'homme, jusqu'à poser dans les objets des natures concrètes et individuelles, par exemple : cet homme, cet arbre, cet animal.

Cette élaboration complexe était la préparation d'une connaissance supérieure, de la connaissance proprement intellectuelle et spécialement humaine, qui se présente à son tour à notre étude.

Nous devons nous demander, tout d'abord, s'il est vraiment nécessaire d'admettre l'existence d'un intellect on entendement humain de nature supérieure à toutes les puissances sensitives : nous reconnaîtrons que c'est indispensable, qu'il faut même distinguer dans l'entendement de l'homme deux facultés fondamentales, l'une active, appelée par saint Thomas *intellect agent*, l'autre réceptive, qu'il désigne sous le nom d'*intellect possible*.

Nous chercherons ensuite à pénétrer la nature mystérieuse de l'entendement actif, à préciser le caractère de la lumière qui par lui apparaît dans notre connaissance.

I

LES DEUX FACULTÉS DE L'ENTENDEMENT.

I. — Caractère potentiel de l'intelligence humaine : l'*intellect possible* ou entendement réceptif.
II. — Nécessité d'une autre faculté dans l'entendement humain, d'une faculté active ou *intellect agent*, pour donner à la connaissance une forme absolue et universelle.
III. — En quel sens peut-on dire que l'intelligence sépare la nature universelle des caractères individuels et particuliers ?

I. — L'intelligence humaine a certainement un caractère potentiel ; elle n'est pas formée dès le début, elle se forme graduellement, elle acquiert ce qu'elle n'avait pas. L'enfant ne sait rien en naissant ; il apprend peu à peu ce qu'il saura plus tard, et c'est par les sens que son instruction commence.

La perception sensitive est tellement nécessaire pour notre connaissance, même intellectuelle, que l'homme à qui de naissance un sens fait défaut, n'arrivera jamais à concevoir la moindre notion de l'objet propre de ce sens : l'aveugle-né ne peut se faire une idée de la couleur, le sourd du son.

Il est donc certain que nous n'avons pas en nous les idées innées des choses ; mais qu'il y a dans notre entendement une faculté potentielle, réceptive par nature, capable de devenir ce qu'elle n'était pas, de recevoir plutôt que de produire par elle-même (1).

Aristote, plus que tout autre philosophe, eut le mérite de mettre en relief cette faculté.

« Quant à la partie de l'âme, dit-il, par laquelle l'âme conçoit et juge, il faut examiner quel en est le caractère distinctif, comment enfin naît la pensée : si penser est comme sentir, si c'est éprouver quelque impression de la part de l'intelligible, ou si c'est quelque autre chose ana-

(1) Omne quod exit de potentia in actum potest dici pati, etiam quum perficitur. Et sic intelligere nostrum est pati.... Quod manifeste apparet ex hoc quod in principio sumus intelligentes solum in potentia, postmodum autem efficimur intelligentes in actu... Et per consequens intellectus est potentia passiva (I, q. LXXIX, a. 2). — Deficiente aliquo sensu, deficit scientia eorum quæapprehenduntur secundum illum sensum; sicut cœcus natus nullam potest habere notitiam de coloribus ; quod non esset, si intellectui animæ essent naturaliter inditæ omnium intelligibilium rationes. Et ideo dicendum est quod anima non cognoscit corporalia per species naturaliter inditas (I, q. LXXXIV, a. 3).

logue. Ce n'est pas être impressionné, c'est être réceptif de la forme et être en puissance telle chose, mais non pas être cette chose : et comme le sens est à l'égard des sensibles, semblablement l'intelligence est à l'égard des intelligibles..... Sa nature n'est pas autre que celle-ci, à savoir que c'est un *possible*. Donc, ce qu'on appelle l'intelligence de l'âme (je veux dire l'intelligence par laquelle l'âme pense et raisonne) n'est en acte aucune des choses existantes avant de penser.... Et l'on fait bien de dire que l'âme est le lieu des formes, sous cette réserve qu'elle ne l'est pas tout entière, mais seulement en tant qu'elle est intellectuelle, et que ce n'est pas en acte, mais en puissance, qu'elle est les formes..... Ainsi, l'intelligence en quelque manière est en puissance les intelligibles, mais en acte elle n'en n'est aucun, avant de penser. Il faut que ce soit comme en une tablette où en acte rien encore n'est écrit : c'est ce qui arrive pour l'intelligence » (1).

(1) Περὶ ψυχῆς, III, IV (1, 2, 3, 4, 11) Firmin-Didot.— Intellectus autem humanus, qui est infimus in ordine intellectuum et maxime remotus a perfectione divini intellectus, est in potentia respectu intelligibilium, et in principio est *sicut tabula rasa in qua nihil est scriptum*, ut Philosophus dicit in III *de Anima* (I, q. LXXIX, a. 2).

C'est cette faculté intellectuelle, à l'état natif de possibilité à l'égard des formes intelligibles, que saint Thomas appelle, d'après Aristote, *intellect possible*. C'est par elle que l'entendement humain peut devenir semblable aux réalités extérieures, et par cette similitude acquise prendre connaissance de ce qu'il est appelé à savoir. Une telle assimilation, même aux choses corporelles, est nécessairement tout immatérielle et incorporelle : la forme qui naîtra ainsi dans l'*intellect possible* ne peut être qu'intellectuelle comme cette faculté (1).

II. — Mais, si nous n'avions que la capacité de recevoir les représentations intelligibles, la pensée proprement dite, la connaissance de l'universel, resterait pour nous impossible : nous demeurerions confinés dans l'individuel ; car les sens même internes, même les plus puissants, ne représentent que l'individuel, et rien en nous ne pourrait produire autre chose pour

---

(1) Tertius autem modus passionis est cujuscumque in potentia existentis quod in actum reducitur... Intellectus qui est in potentia ad intelligibilia, quem Aristoteles III *de Anima* ob hoc nominat *intellectum possibilem*, non est passivus nisi tertio modo, quia non est actus organi corporalis, et ideo est incorruptibilis (I, q. LXXIX, a. 2, ad 1, ad 2).

le fournir à la réceptivité de notre entendement.

Au dehors même, les réalités sensibles, au milieu desquelles nous vivons, sont matérielles et individuelles ; elles ne peuvent, en cet état qui leur est naturel, nous suggérer que des représentations individuelles comme elles. Quelqu'immatérielle que fût notre intelligence réceptive, si elle restait avec sa capacité vide, en face de la nature sensible dont toute l'existence et toute l'activité sont circonscrites dans l'individuel, jamais nous n'arriverions à penser l'universel.

Or, nous pensons l'universel, c'est de toute évidence : nous ne disons pas seulement *cet* homme, *cet* animal, *cet* arbre, *cette* pierre, mais l'homme, l'animal, la pierre en général.

Il faut donc admettre dans notre entendement une autre faculté, une vertu active, par laquelle nous puissions en quelque façon produire, faire naître en nous l'universel, en transformant les données sensibles en formes intelligibles, puisque c'est par les sens que débute notre connaissance (1).

(1) Supposito agente, bene contingit diversimode recipi ejus similitudinem in diversis propter eorum dispositionem diversam. Sed si agens non præexistit, nihil ad hoc faciet disposi-

Aristote rattachait cette duplicité de l'entendement humain au double aspect que présente la nature entière.

« De même que dans toute la nature, disait-il, il y a en chaque genre une matière, un principe potentiel de toutes choses, et quelque cause efficiente qui fait toutes choses, comme l'art se comporte à l'égard de la matière ; de même il faut qu'il y ait dans l'âme ces deux différences : et il existe dans l'entendement une faculté telle que par elle il devient toutes choses, et une autre telle que par elle il fait toutes choses » (1).

Deux hypothèses pourraient faire douter de l'existence, dans l'entendement, d'une faculté active, productrice de l'universel :

Si notre prétendue connaissance de l'universel n'était qu'une illusion, et ne contenait au fond que de l'individuel plus ou moins simplifié ;

Ou bien, si la connaissance sensitive comprenait déjà implicitement l'universel, qui n'au-

---

tio recipientis. Intelligibile autem in actu non est aliquid existens in rerum natura quantum ad naturam rerum sensibilium, quæ non subsistunt præter materiam. Et ideo ad intelligendum non sufficeret immaterialitas intellectus possibilis, nisi adesset intellectus agens, qui faceret intelligibilia in actu per modum abstractionis (I, q. LXXIX, a. 3, ad 3).

(1) Περὶ ψυχῆς, III, v, (1), Firmin-Didot.

rait besoin que d'être saisi séparément par l'entendement réceptif.

Ni l'une ni l'autre de ces hypothèses ne peut être acceptée.

En effet, quand j'ai la notion intellectuelle d'une nature, celle d'homme, par exemple, je la conçois d'abord comme simple nature abstraite, que je précise dans une définition : homme est animal raisonnable. Dans cette notion n'est compris aucun des caractères individuels de tel ou tel homme. Puis j'ajoute une *intention d'universalité* à cette nature, que je conçois alors comme capable en soi d'être réalisét, en tout être qui aura les caractères marqués dans la définition (1). Cette possibilité d'extension universelle qu'a en soi la nature, telle que je la conçois, me montre bien que ma conception de cette nature était l'appréhension d'un objet de connaissance d'un autre ordre que tout objet individuel.

Le nom d'homme, que je prononce, n'est donc pas un simple nom, une simple étiquette mise sur deux caractères individuels — animal, raisonnable — que j'ai perçus dans un

---

(1) Intentio universalitatis : ut scilicet unum et idem habeat habitudinem ad multa (I, q. LXXXV, a. 3, ad 1).

GARDAIR. — LA THÉORIE DE LA CONN. — 10.

certain nombre d'individus. S'il en était ainsi, je pourrais tout au plus prononcer ce même nom quand je percevrais ou me représenterais ces caractères dans tel homme individuel, ou bien me représenter ces caractères quand je prononcerais ce nom ; mais je ne saisirais pas par mon intelligence que tout être qui aura ces caractères sera nécessairement un homme, et je ne concevrais pas la nature humaine comme susceptible en soi d'être réalisée en tout être qui aura ces caractères.

La conception intellectuelle est donc en dehors de la sphère individualiste des sens, et la conscience nous révèle que cette conception a son objet propre, autre qu'un pur nom, ou une expression sensible de notes simples, mais individuelles. Le nom exprime une pensée, et une pensée est une vue d'un objet vraiment universel.

D'autre part, il est certain que l'universel proprement dit n'est pas compris dans la connaissance sensitive ; la conscience nous montre clairement que cette connaissance ne contient, par elle-même, que des données à l'état individuel. Ce serait donc une illusion de croire que, pour avoir la notion de l'universel, il nous suffit d'une faculté qui sépare dans les données sensibles l'universel de l'individuel, qui perçoive à part dans l'objet des sens une nature universelle, simplement comme dans cet objet chaque sens propre perçoit ce qui lui convient, par exemple la vue une couleur, l'ouïe un son, si le sensible est à la fois coloré et sonore.

III. Mais, dira-t-on, saint Thomas n'autorise-t-il pas cette comparaison ? Ne dit-il pas, en effet, que la nature même, à laquelle il arrive d'être saisie par l'intelligence d'une manière abstraite et universelle, existe dans les individus et n'existe qu'en eux ; que l'intelligence l'appréhende en tant que nature, sans les caractères individuels, comme la vue voit la couleur d'un fruit sans l'odeur de ce fruit ? La nature humaine n'est-elle pas dans tel homme associée aux qualités de l'individu, comme la couleur dans le fruit est associée à l'odeur, de telle sorte que l'entendement puisse percevoir séparément l'*humanité* comme la vue perçoit séparément la couleur (1) ?

(1) Ipsa igitur natura, cui accidit vel intelligi vel abstrahi vel intentio universalitatis, non est nisi in singularibus ; sed hoc ipsum quod est intelligi vel intentio universalitatis est in in-

Comprendre ainsi l'explication donnée par saint Thomas, ce serait, je ne crains pas de le dire, dénaturer sa pensée. Non, à son avis, et c'est une vérité très simple, la nature n'est pas dans l'individu à l'état universel, elle n'y est pas sous la forme qu'elle prend dans l'intelligence, mais seulement comme nature individuelle. L'*humanité* est dans Socrate et Platon, puisque Socrate et Platon sont des hommes ; mais cette nature humaine est tout individualisée dans Socrate, tout individualisée aussi dans Platon : si bien que Socrate et Platon sont hommes par cela même qu'ils sont Socrate et Platon, et l'homme qui est Platon n'est pas le même que l'homme qui est Socrate. Tout ce qui est en celui-ci est singulier, singulier aussi tout ce qui est en celui-là ; et ce qu'est Socrate

tellectu ; et hoc ipsum possumus videre per simile in sensu. Visus enim videt colorem pomi sine ejus odore. Si ergo quæratur ubi sit color qui videtur sine odore manifestum est quod color qui videtur non est nisi in pomo. Sed quod sit sine odore perceptus, hoc accidit ei ex parte visus, inquantum in visu est similitudo coloris, et non odoris. Similiter humanitas quæ intelligitur non est nisi in hoc vel in illo homine ; sed quod humanitas apprehendatur sine individualibus conditionibus, quod est psam abstrahi, ad quod sequitur intentio universalitatis, accidit humanitati secundum quod percipitur ab intellectu, in quo est similitudo naturæ speciei, et non individualium principiorum (I, q. LXXXV, a. 2, ad 2).

est incommunicable à Platon. La nature est multipliée par la multiplication des individualités ; dans ces existences concrètes, elle n'est pas, à vrai dire, une seule et même chose commune à plusieurs, mais une chose répétée autant de fois qu'il y a d'individus, et possédée ainsi en propre par chacun d'eux.

C'est donc l'entendement qui fait lui-même l'*universalisation* des natures individuelles ; c'est lui qui engendre l'unité de type en dehors des caractères singuliers de chaque individu : il ne démêle pas, il produit ; il ne sépare pas, il fait naître par son activité une forme nouvelle.

Cette doctrine se retrouve dans tous les ouvrages de saint Thomas, notamment dans ses *Opuscules* aussi bien que dans la *Somme contre les Gentils* et dans la *Somme théologique* (1).

(1) Universale enim dicitur dupliciter. Uno modo ipsa natura, cui intellectus propter aliquid in ea inventum intentionem attribuit; et sic universalia quæ rerum naturas significant, prædicantur in quid : animal namque dicitur substantia illius de quo prædicatur, et similiter homo · et isto modo non est unum in multis ; imo natura prædicatum semper multiplicatur, multiplicatis subjectis : quot enim sunt homines, tot sunt animalia. Alio modo dicitur universale natura illa sub intentione universalitatis sibi eattribuar et sic, propter uniformitatem rationis inventam in intentione quæ fit propter remotionem a materialibus conditionibus et omni diversitate, est unum in

Que faut-il donc entendre dans la comparaison entre l'intelligence, qui saisit l'universel sans les caractères de l'individu, et la vue, qui saisit la couleur sans l'odeur du fruit? C'est que l'intelligence connaît l'objet sous la forme qui lui convient à elle-même, comme la vue prend de l'objet la connaissance qui est propre à elle ; mais le procédé n'est pas semblable dans les deux cas : pour que l'intelligence ait la notion universelle, il faut que l'entendement actif transforme en absolu la donnée relative à l'individu ; tandis que la forme singulière de la couleur naît simplement dans la vue à la suite de l'impression faite sur l'œil par la couleur singulière de l'objet extérieur.

multis : sic enim homines sunt unus homo et unum animal. In re igitur nihil est commune multis ; quia quidquid est in re, est singulare uni soli communicabile ; quod autem commune est, agitur per intellectum. Intellectus enim facit universalitatem in rebus, ut dicit Commentator super lib. *de Anima* (Opusc. *de Natura generis*, cap. v). — Sic ergo patet quod naturæ communi non potest attribui intentio universalitatis nisi secundum esse quod habet in anima et intellectu. Sic ergo solum est unum de multis, prout intelligitur præter principia individuantia, vel unum in multis, ut individuis vel inferioribus quæ in superiori sunt unum. Unde relinquitur quod universalia, secundum quod universalia, non sunt nisi in anima, ipsæ autem naturæ, quibus accidit intentio universalitatis, sunt in rebus (Opusc. *de Sensu respectu singularium et intellectu respectu universalium*). — Cf. *de Ente et Essentia*, cap. iv ; *C. Gent* lib. I, cap. xxvi.

La transformation de la donnée sensible par l'entendement actif ne rend pas fausse la connaissance intellectuelle, si l'intelligence ne conçoit pas la forme universelle comme réellement existante en soi-même, en dehors de l'objet individuel, où les sens ont pris la forme sensible que l'entendement a transfigurée ; et si elle ne pose pas non plus la donnée comme contenue à l'état universel dans l'objet même. Penser que l'homme abstrait ou la nature universelle d'homme a, en dehors de toute intelligence et en dehors de tout homme concret, une existence réelle à part, ce serait penser faussement ; mais penser à part l'homme et la nature humaine sous forme abstraite et universelle n'est pas plus erroné que de voir la couleur d'une fleur sans en percevoir le parfum (1).

(1) Quum ergo dicitur quod intellectus est falsus, qui intelligit rem aliter quam sit, verum est, si ly *aliter* referatur ad rem intellectam ; tunc enim intellectus est falsus, quando intelligit rem esse aliter quam sit : unde falsus esset intellectus, si sic abstraheret speciem lapidis a materia, ut intelligeret eam non esse in materia, ut Plato posuit. Non est autem verum quod proponitur, si ly *aliter* accipiatur ex parte intelligentis ; est enim absque falsitate ut alius sit modus intelligentis in intelligendo, quam modus rei in essendo ; quia intellectum est in intelligente immaterialiter per modum intellectus, non autem materialiter per modum rei materialis (I, q. LXXXV, a. 1, ad 1).

II.

L'ENTENDEMENT ACTIF.

I. — Description de l'influence qu'exerce l'entendement actif sur l'élaboration de la pensée. Illumination des représentations fournies par l'imagination. Génération des formes intelligibles par l'abstraction.

II. — Il ne suffirait pas, pour transformer ainsi notre connaissance, qu'une intelligence supérieure agît sur nous du dehors. Conception du verbe intellectuel et considération de l'intelligible.

III. — Nature de l'entendement actif. Qu'est-ce que la lumière intellectuelle ? C'est parce qu'il est immatériel que l'entendement actif peut immatérialiser et universaliser la connaissance : c'est son immatérialité qui est le fondement de sa participation à la lumière divine.

I. — Nous savons maintenant que les puissances sensitives ne peuvent suffire à faire naître en nous une représentation universelle qui devienne forme de l'entendement réceptif, qu'il faut donc l'intervention d'une faculté active de l'entendement pour universaliser les données des sens.

Tâchons de déterminer, d'après saint Thomas,

la nature de cet entendement actif, de cet *intellect agent*, en précisant son rôle à l'égard des données sensibles et de l'*intellect possible* ou entendement réceptif.

L'influence de l'entendement actif s'exerce sur les représentations fournies par l'imagination (*phantasmata*), qui reproduisent les données de tous les autres sens, externes ou internes.

Cette influence comprend deux degrés.

C'est d'abord une illumination de la représentation imaginative, pour la rendre susceptible d'être transformée en représentation intellectuelle ; on pourrait appeler ce premier degré un commencement d'*intellectualisation* de l'image. Cette influence résulte du voisinage, dans le même être, de l'entendement et des sens internes ; elle se produit par une application, une *conversion*, de l'entendement actif, qui tourne son activité vers l'image sensible (1). Toutes les puis-

---

(1) Phantasmata et illuminantur ab intellectu agente, et iterum ab eis per virtutem intellectus agentis species intelligibiles abstrahuntur. Illuminantur quidem, quia sicut pars sensitiva ex conjunctione ad intellectum efficitur virtuosior, ita phantasmata ex virtute intellectus agentis redduntur habilia ut ab eis intentiones intelligibiles abstrahantur (I, q. LXXXV, a. 1, ad 4). — Virtute intellectus agentis resultat quædam similitudo in intellectu possibili ex conversione intellectus agentis supra

sances de la nature humaine communiquent entre elles par le fond substantiel d'où elles émanent, et c'est par là que ce qui est sensible, en nous, peut être élevé progressivement à une certaine participation de la clarté intellectuelle. La *conversion* de l'entendement, jugée nécessaire par saint Thomas pour ce perfectionnement du sensible, est, à mon avis, une direction de la vie supérieure vers l'image, par une attention intellectuelle dont nous n'avons probablement pas conscience en elle-même, mais qui suit une tension générale de l'être : de celle-ci nous avons, ce me semble, conscience ; nous constatons, par l'observation intérieure, que l'ensemble de notre activité se concentre vers l'image avec l'intention d'en faire une pensée. Combien de fois, en effet, de simples représentations individuelles se succèdent dans notre imagination, formes d'arbres, d'animaux, d'hommes, d'édifices ou de machines, sans que nous en concevions actuellement les notions abstraites ! Mais voilà que nous nous faisons plus attentifs par une application plus vive de nous-mêmes : ces formes alors s'illu-

---

phantasmata, quæ quidem est repræsentativa corum quorum sunt phantasmata, solum quantum ad naturam speciei (*Ibid.*, ad 3).

minent, l'idée en jaillit, abstraite et universelle, dépouillée des qualités particulières, pure et féconde dans son rayonnement indéfini.

Saint Thomas affirme que nous connaissons par expérience l'existence en nous d'une faculté intellectuelle, capable de faire la lumière dans les images sensibles : et cela, lorsque nous apercevons notre âme abstraire des conditions particulières les formes universelles (1). Que signifie cette expérience ? Peut-être la conscience de l'effort que fait notre âme pour procréer la transformation de l'image. Peut-être, plus simplement, saint Thomas a-t-il voulu dire que nous observons en nous l'illumination préparatoire de l'image et la conception définitive de l'idée, et que nous en concluons l'existence nécessaire d'une faculté active d'entendement.

Le second degré de l'influence qu'exerce l'*intellect agent* est l'*abstraction*. Quel est le sens précis de ce mot ? Abstraire, est-ce tirer de l'image sensible une forme intelligible, l'en séparer,

---

(1) Oportet dicere quod in ipsa (anima humana) sit aliqua virtus derivata a superiori intellectu, per quam possit phantasmata illustrare. Et hoc experimento cognoscimus, dum percipimus nos abstrahere formas universales a conditionibus particularibus, quod est facere actu intelligibilia (I, q. LXXIX, a. 4).

l'en faire sortir, pour la fixer dans l'entendement réceptif? Saint Thomas combat avec raison cette interprétation (1). Si loin que soit porté le mouvement d'illumination de la représentation sensible, celle-ci ne saurait devenir elle-même proprement intelligible, et par conséquent ne saurait prendre une forme vraiment intelligible qui puisse en être séparée et transportée ailleurs. En outre, ce transport ne pourrait se supposer; si l'image avait une forme intelligible, elle la garderait, et ce serait l'imagination qui penserait, sans avoir besoin de l'entendement réceptif. Saint Thomas est donc aussi exact que prudent, lorsqu'il se contente de dire que de la conversion de l'*intellect agent* sur les images résulte, par la vertu de cet intellect, dans la faculté réceptive de l'entendement, une similitude qui représente seulement sous le rapport de la nature spécifique les choses que l'imagination représentait à sa manière.

II. — Evidemment ces descriptions laissent

(1) Et per hunc modum dicitur abstrahi species intelligibilis a phantasmatibus, non quod aliqua eadem numero forma, quæ prius fuit in phantasmatibus, postmodum fiat in intellectu possibili ad modum quo corpus accipitur ab uno loco et transfertur ad alterum (I, q. LXXXV, a. 1, ad 3).

subsister un mystère sur l'action de l'*intellect agent*. Mais il n'en faut pas moins reconnaître, comme nous l'avons fait, que l'intervention d'une telle puissance active est nécessaire pour que de l'image individuelle ou particulière naisse une forme abstraite et universelle, qui en contienne l'essentiel, mais la dépasse tellement qu'une faculté proprement intellectuelle soit seule capable de la recevoir.

Et qu'on ne dise point que cet *intellect agent* est, non pas en nous, mais en dehors de nous ; qu'il est simplement une intelligence supérieure à notre nature, qui nous éclaire de l'extérieur et d'en haut, sans prendre rang parmi les puissances qui appartiennent à notre âme et dérivent de sa substance.

Cette hypothèse est insuffisante. Sans doute, la pensée humaine, par son universalité même, révèle dans l'homme, individualité restreinte, le reflet d'une pensée plus haute, le rayonnement d'une intelligence plus large et plus puissante. Mais néanmoins, comme tout être achevé, nous devons posséder en propre ce qu'il nous faut pour agir selon notre nature ; et, de même que nous avons dans notre corps vivant la force végétative capable d'engendrer un autre corps vivant semblable au nôtre, sous l'influence toutefois des forces extérieures, de même il faut bien que nous ayons dans notre âme une vertu active qui féconde les données de l'imagination et produise l'idée abstraite, par une participation réelle, bien que mystérieuse, à une activité intellectuelle d'un ordre supérieur (1). Le concept universel naît en nous des éléments offerts par la connaissance sensitive, c'est un fait d'expérience ; donc, affirmons encore que nous avons la faculté de l'engendrer en nous-mêmes : sans cela, par nature, nous serions trop incomplets.

Déterminé à penser par la forme abstraite qui se grave en lui sous l'action de *l'intellect agent*, l'entendement réceptif conçoit une parole inté-

(1) Dato quod sit aliquis talis intellectus agens separatus, nihilominus tamen oportet ponere in ipsa anima humana aliquam virtutem ab illo intellectu superiori participatam, per quam anima facit intelligibilia in actu ; sicut et in aliis rebus naturalibus perfectis præter universales causas agentes sunt propriæ virtutes inditæ singulis rebus perfectis, ab universalibus agentibus derivatæ ; non enim solus sol generat hominem, sed est in homine virtus generativa hominis ; et similiter in aliis animalibus perfectis.... Nulla autem actio convenit alicui rei nisi per aliquod principium formaliter ei inhærens, ut supra dictum est, q. LXXVI, a. 1, quum de intellectu potentiali seu possibili agerctur. Ergo oportet virtutem quæ est principium hujus actionis esse aliquid in anima (I, q. LXXIX, a. 4).

rieure, une expression lumineuse, où il considère l'objet intellectuel (1). La conception de ce *verbe* spirituel et la considération de l'objet dans ce *verbe*, voilà où aboutit la coopération des deux facultés de notre entendement. Considérer ainsi par la pensée la nature des choses, c'est encore, si l'on veut, faire de l'abstraction ; mais, c'est la conséquence d'une abstraction première par laquelle la représentation intelligible a été imprimée dans l'intelligence (2).

II. Quelle est donc, en définitive, la nature de cet *intellect agent*, qui transforme ainsi, par sa *lumière*, les images sensibles en représentations intelligibles ? Qu'est-ce que cette *lumière intellectuelle* ?

Avouons d'abord que cette expression « lumiè-

---

(1) Quicumque autem intelligit, procedit aliquid intra ipsum, quod est conceptio rei intellectæ, ex ejus notitia procedens. Quam quidem conceptionem vox significat, et dicitur verbum cordis significatum verbo vocis (I, q. XXVII, a. 1).

(2) Intellectus noster et abstrahit species intelligibiles a phantasmatibus, inquantum considerat naturas rerum in universali (I, q. LXXXV, a. 1). — Anima enim quasi transformata est in rem per speciem, qua agit quidquid agit : unde, quum intellectus ea informatus est actu, verbum producit, in quo rem illam dicit cujus speciem habet.... (Verbum) est tanquam speculum in quo res cernitur, sed non excedens id quod in eo cernitur. (Opuscul. *de Natura verbi intllectus*).

re » est une métaphore empruntée à Aristote.

« L'entendement, dit-il, est comme une qualité habituelle, il est comme la lumière : car d'une certaine façon la lumière aussi fait couleurs en acte les couleurs qui sont en puissance » (1).

Dans son commentaire sur ce passage du traité *de l'Ame*, saint Thomas fait observer qu'Aristote appelle souvent qualité habituelle, *habitus*, « toute forme ou nature » par opposition à la privation et à la potentialité, et qu'ici il assimile l'entendement actif à une qualité habituelle, pour le distinguer de l'entendement réceptif, qui n'est qu'en puissance. Quant à la comparaison avec la lumière, elle n'est qu'approximative, si l'on admet que la lumière physique, dans l'opinion d'Aristote, donne simplement une lucidité actuelle au milieu appelé « le diaphane » et le rend ainsi capable d'être mû par la couleur des objets et de la faire voir. Dans cette hypothèse, l'*intellect agent* est comme la lumière, parce que l'action de celle-ci est nécessaire pour que les couleurs soient vues et que l'action de l'*intellect agent* est nécessaire pour que les choses soient intel-

(1) Περὶ ψυχῆς, III, v (1), Firmin-Didot.

ligibles ; mais il y a cette grande différence, que la lumière met en acte seulement le milieu, tandis que l'*intellect* fait que les intelligibles mêmes soient en acte. Aristote paraît avoir pensé à cette différence, quand il dit que « d'une certaine façon » seulement la lumière actualise les couleurs (1).

Dans la *Somme théologique*, saint Thomas mentionne une autre opinion sur l'effet de la lumière physique : les couleurs ne seraient pas par elles-mêmes susceptibles d'être vues, mais seraient faites visibles par l'action directe de la lumière. Alors la comparaison entre l'*intellect agent* et la lumière serait plus exacte : comme

(1) Dicendum est ergo quod habitus sic accipitur secundum quod Philosophus frequenter consuevit nominare omnem formam et naturam habitum, prout habitus distinguitur contra privationem et potentiam ; ut sic, per hoc quod nominat eum habitum, distinguat eum ab intellectu possibili, qui est potentia. Unde dicit quod est habitus ut lumen, quod quodammodo facit colores existentes in potentia esse actu colores. Et dicit « quodammodo » quia supra ostensum est quod color secundum seipsum est visibilis. Hoc autem solummodo facit lumen ipsum esse actu colorem inquantum facit diaphanum esse in actu, ut moveri possit a colore, ut sic color videatur. Intellectus autem agens facit ipsa intelligibilia esse in actu, quæ prius erant in potentia, per hoc quod abstrahit ea a materia ; sic enim sunt intelligibilia in actu, ut dictum est (in III *de Anima*, lect. x).

celle-ci met en acte les couleurs mêmes, l'*intellect* met en acte les intelligibles (1).

Quelle que soit l'interprétation qu'on adopte, cette comparaison appelle encore quelques éclaircissements sur la nature de l'entendement actif.

L'*intellect agent* est capable de mettre en acte les intelligibles, parce qu'il est lui-même en acte : néanmoins il n'a pas en acte, en lui-même, les formes déterminées des choses ; car, s'il les avait, l'intellect réceptif n'aurait pas besoin des images sensibles, l'*intellect agent* suffirait pour lui donner les représentations déterminées des objets de connaissance. Ainsi, ni l'entendement actif ni l'entendement réceptif n'ont en eux par nature les formes déterminées : ils sont indéterminés l'un et l'autre quant à la représen-

---

(1) Circa effectum luminis est duplex opinio. Quidam enim dicunt quod lumen requiritur ad visum ut faciat colores actu visibiles : et secundum hoc similiter requiritur et propter idem intellectus agens ad intelligendum propter quod lumen ad videndum. Secundum alios vero lumen requiritur ad videndum non propter colores ut fiant actu visibiles, sed ut medium fiat actu lucidum, ut Commentator dicit in III *de Anima*. Et secundum hoc similitudo qua Aristoteles assimilat intellectum agentem lumini, attenditur quantum ad hoc quod, sicut hoc est necessarium ad videndum, ita illud ad intelligendum sed non propter idem (I, q. LXXIX, a. 3, ad 2).

tation précise des natures extérieures à l'âme humaine. A l'un et à l'autre la présence de l'image sensible, avec ses traits particulièrement dessinés, est nécessaire pour la production de la représentation intelligible (1). Seulement, dans l'opération qui fait l'idée abstraite, l'image sensible est comme la *matière de la cause*, l'*intellect agent* est la cause proprement active et transformante, et l'*intellect possible* est la potentialité qui reçoit ce qui est transformé (2).

(1) Intellectus possibilis recipit formas ut intelligibiles actu, ex virtute intellectus agentis, sed ut similitudines determinatarum rerum ex cognitione phantasmatum : et sic formæ intelligibiles in actu non sunt per se existentes neque in phantasia neque in intellectu agente, sed solum in intellectu possibili (Q. disp. *de Veritate*, q. x *de Mente*, a. 6, ad 7). — Est enim intellectus possibilis in potentia ad intelligibilia, sicut indeterminatum ad determinatum. Nam intellectus possibilis non habet determinatam naturam alicujus rerum sensibilium. Unumquodque autem intelligibile est aliqua determinata natura alicujus speciei. Unde supra dixit quod intellectus possibilis comparatur ad intelligibilia sicut tabula ad determinatas picturas. Quantum autem ad hoc intellectus agens non est in actu. Si enim intellectus agens haberet in se determinationem omnium intelligibilium, non indigeret intellectus possibilis phantasmatibus, sed per solum intellectum agentem reduceretur in actum omnium intelligibilium, et sic (intellectus agens) non compararetur ad intelligibilia ut faciens ad factum, ut Philosophus hic dicit, sed ut existens ipsa intelligibilia (in III *de Anima*, lect. x). — Cf. *Sum. theol.*, I, q. LXXIX, a. 4, ad 3.

(2) Quia phantasmata non sufficiunt immutare intellectum

Mais en quoi consiste cette transformation ? Comment l'*intellect agent* amène-t-il à l'acte les formes intelligibles qui sont en puissance dans les images sensibles ? En les dégageant de l'individualité matérielle par l'abstraction. Et pourquoi peut-il les dégager ainsi de ces liens matériels ? Parce qu'il est immatériel lui-même : c'est à cause de son immatérialité naturelle qu'il peut, par son activité, immatérialiser la connaissance, car tout agent fait le patient semblable à lui (1).

possibilem, sed oportet quod fiant intelligibilia per intellectum agentem, non potest dici quod sensibilis cognitio sit totalis et perfecta causa intellectualis cognitionis, sed magis quodammodo est materia causæ (I, q. LXXXIV, a. 6).

(1) Comparatur igitur ut actus respectu intelligibilium inquantum est quædam virtus immaterialis activa, potens alia similia sibi facere, scilicet immaterialia. Et per hunc modum, ea quæ sunt intelligibilia in potentia, facit intelligibilia in actu (in III *de Anima*, lect. x). — Anima intellectiva est quidem actu immaterialis, sed est in potentia ad determinatas species rerum. Phantasmata autem e converso sunt quidem actu similitudines specierum quarumdam, sed sunt potentia immaterialia. Unde nihil prohibet unam et eamdem animam, inquantum est immaterialis in actu, habere aliquam virtutem, per quam faciat immaterialia in actu abstrahendo a conditionibus individualis materiæ, quæ quidem virtus dicitur intellectus agens, et aliam virtutem receptivam hujusmodi specierum, quæ dicitur intellectus possibilis inquantum est in potentia ad hujusmodi species (I, q. LXXIX, a. 4, ad 4). — Et hoc competit intellectui agenti inquantum est immaterialis (I, q. LXXIX, a. 5, ad 2).

L'*intellect agent* n'est pas une disposition innée ou acquise de l'*intellect possible*, mais une puissance distincte, immatérielle et active, comme l'*intellect possible* est une puissance immatérielle et réceptive : celui-ci ne devient actif qu'après avoir reçu la forme intelligible, tandis que l'*intellect agent* est actif par lui-même.

Tâchons de découvrir plus profondément encore la nature de cet entendement actif. Il n'a pas en lui les formes déterminées de telles et telles espèces de choses extérieures. A-t-il du moins les formes indéterminées et transcendantes de l'*être*, de l'*unité*, de la *puissance* et de l'*acte* ? Pas précisément, car ce n'est pas lui qui conçoit ces notions supérieures ; mais il est de l'être immatériel, il est unité, il est puissance active, et par là il est éminemment forme idéale de tous les intelligibles, comme Dieu, d'une manière infiniment plus parfaite, est la forme idéale de tous les possibles.

L'Être divin est l'exemplaire primordial et la cause suprême de tous les êtres, parce qu'il est absolument immatériel, sans mélange de potentialité, tout subsistant en lui-même, tout en acte et tout actif : par la même raison, Dieu est à la fois infiniment intelligible et infiniment intelligent. L'âme humaine, immatérielle dans son fond, à l'imitation de Dieu, subsistante et spirituelle, elle aussi, bien que d'une spiritualité empruntée, participe à la nature des substances entièrement séparées de la matière, de la substance divine même, à leur intelligibilité et à leur énergie d'intelligence (1). Son incorporation à la matière l'oblige à se servir des sens et de l'imagination pour former sa connaissance, même la plus élevée ; mais, pour spiritualiser les données que lui offrent ces facultés inférieures, elle a reçu une impression de la lumière divine, une vertu innée, reflet créé de la vérité éternelle : cette vertu est précisément l'entendement actif, cet *intellect agent*, dont la dignité, pense saint Thomas, a été proclamée dans ce verset des Psaumes : « *Signatum est super nos lumen vultus tui, Domine ;* Vous avez marqué

---

(1) Ipsa vero mens est intelligibilis in actu ; et secundum hoc ponitur in ea intellectus agens, qui faciat intelligibilia actu... Quod quidem lumen intellectus agentis in anima rationali procedit, sicut a prima origine, a substantiis separatis, præcipue a Deo (*de Veritate*, q. x *de Mente*, a. 6).

sur nous, Seigneur, la lumière de votre visage » (1).

---

(1) Ipsum enim lumen intellectuale, quod est in nobis, nihil est aliud quam quædam participata similitudo luminis increati, in quo continentur rationes æternæ. Unde in *Psalm.* IV, 6, dicitur : *Multi dicunt : quis ostendit nobis bona ?* Cui quæstioni Psalmista respondet, dicens : *Signatum est super nos lumen vultus tui, Domine ;* quasi dicat : Per ipsam sigillationem divini luminis in nobis omnia demonstrantur (I, q. LXXXIV, a. 5).

VI

L'INTELLIGENCE DES PRINCIPES

VI

L'INTELLIGENCE DES PRINCIPES

INTRODUCTION

L'entendement, après la conception des premières formes intelligibles, applique sa lumière intellectuelle à la formation des principes rationnels.

Nous avons distingué dans l'entendement de l'homme deux facultés ou deux « différences », comme dit Aristote : un entendement réceptif, capable de devenir toutes choses intelligiblement, et un entendement actif, capable de faire les intelligibles mêmes, qui informent l'entendement réceptif. L'entendement ou intellect actif fait ainsi les intelligibles, ποιεῖ, d'après la forte expression d'Aristote, en transformant les représentations sensibles que fournit l'imagination.

Nous avons expliqué ce que saint Thomas entend par cette transformation dont l'intellect actif est l'agent, et, guidés par lui, nous avons essayé de pénétrer le mystère de cet intellect actif et de la lumière qui lui est essentielle, lumière intellectuelle à laquelle notre âme doit d'être appelée intellectuelle elle-même (1).

Nous avons reconnu, non pas sans quelque ombre dans ce tableau de l'activité de notre intelligence s'exerçant sur les données de l'imagination, mais enfin nous avons reconnu que la lumière de l'intellect agent est, en un sens, « l'acte des intelligibles eux-mêmes » (2), comme le dit saint Thomas, et qu'à ce titre elle est, selon la parole de David, la marque en nous de la lumière essentielle de Dieu.

Cependant l'intellect agent n'a pas par nature comme Dieu, il n'a pas de naissance comme les esprits purs, les formes déterminées des choses ; aussi a-t-il besoin des représentations déterminées de l'imagination, qui sont comme la matière des conceptions intellectuelles. C'est cette matière que l'activité de notre entendement transforme, pour engendrer dans la réceptivité

---

(1) Lumen essentiale intellectus agentis, ex quo anima nostra intellectualis dicitur (*de Veritate*, q. XII, a. 1).

(2) Lumen intellectus agentis, quod est actus ipsorum intelligibilium (I, q. LXXXVII, a. 1).

de notre intelligence les formes intelligiblement déterminées des choses dont les puissances sensitives ont reçu et élaboré les formes sensiblement déterminées.

Il nous faut maintenant poursuivre l'étude de la conception intellectuelle, de la génération et de l'enfantement de la pensée, et examiner l'union que l'entendement fait des premières formes intelligibles entre elles, les concepts complexes qui naissent de cette union et servent de principes, de points de départ fixes, au développement de la raison dans ses inductions et ses déductions.

Nous verrons d'abord que l'entendement pose vraiment ces principes rationnels ; ensuite, comment il arrive à les poser, et quel est le rôle de ses deux facultés, l'une active, l'autre réceptive, dans cette opération.

I

CONNAISSANCE DES PRINCIPES.

I. — Les principes sont des points fixes, d'où part le mouvement de la raison. Ce sont des jugements évidents par la connaissance des termes qui les composent.

II. — Le raisonnement humain est un procédé de connaissance moins parfait que l'intuition par les esprits purs des conséquences dans les principes mêmes. Dieu a une connaissance encore plus éminente : il voit tout en lui-même, parce qu'il est lui-même le principe de tout.

III. — La disposition habituelle de l'esprit humain aux principes. Les esprits purs ont-ils une pareille disposition ?

I. — Soit que nous observions la marche naturelle de nos propres pensées, soit que nous portions notre attention sur la manière dont nous produisons dans l'intelligence des autres hommes la conviction de ce que nous tenons nous-mêmes pour vrai, nous reconnaîtrons aisément que l'esprit humain procède du connu à l'inconnu, en s'appuyant sur le connu pour voir la connexité qu'a avec lui ce qui était d'abord inconnu et dont la connaissance se forme par cette connexité même. Dans l'invention, nous avançons ainsi pas à pas en attachant successivement les anneaux de notre chaîne rationnelle à des points fixes que successivement nous établissons. Dans la démonstration, nous rattachons à des points fixes déjà déterminés la chaîne qui tient par son bout final à la conséquence que nous voulons prouver.

En d'autres termes, le raisonnement humain est une sorte de mouvement; il va d'un point de départ à un point d'arrivée par un chemin intermédiaire. Les principes sont de tels points de départ (1).

Mais tous les principes de raisonnement ne sont pas en eux-mêmes des principes rigoureusement premiers. Nous verrons, dans la prochaine leçon, que les premiers principes, entendus

---

(1) Ratiocinari comparatur ad intelligere sicut moveri ad quiescere, vel acquirere ad habere ; quorum unum est perfecti, aliud autem imperfecti. Et quia motus semper ab immobili procedit et ad aliquid quietum terminatur, inde est quod ratiocinatio humana secundum viam inquisitionis vel inventionis procedit a quibusdam simpliciter intellectis, quæ sunt prima principia ; et rursus in via judicii resolvendo redit ad prima principia, ad quæ inventa examinat (I, q. LXXIX, a. 8).

au sens strict, sont très peu nombreux, si même ils ne se réduisent pas à un seul.

Les principes sont des jugements connus actuellement *par eux-mêmes*, mais sous la condition que les termes, sujet et attribut, soient déjà connus.

Or, il est des termes que la généralité des hommes connaissent aisément, soit presque naturellement, soit par une première éducation facile, par exemple ceux-ci : tout, partie. Aussi ce principe : le tout est plus grand que sa partie, est-il un jugement à la fois évident par lui-même, s'il est considéré en soi, et connu aussi par lui-même, si on le considère par rapport à nous, *quoad nos* (1), dit saint Thomas.

Il est d'autres termes qui ne sont connus que des hommes plus avancés dans la science. Par exemple, le théologien sait que l'ange n'a pas de corps ; pour lui cette proposition : l'ange n'est pas circonscrit dans un lieu, est connue par elle-même, évidente par elle-même, parce qu'il sait que le lieu est un contenant qui ne circonscrit que le corps. Mais à certains esprits peu instruits la

---

(1) Dicitur autem aliquid per se notum dupliciter : uno modo secundum se, alio modo quoad nos (I-II, q. XCIV, a. 2).

même proposition ne paraît pas évidente, parce qu'ils ne saisissent pas suffisamment la nature de l'ange et celle du lieu.

On voit qu'un jugement dont la vérité apparaît au premier coup d'œil, mais parce que ses éléments sont éclaircis par une démonstration précédente, joue le rôle de principe pour un raisonnement suivant.

II. — Notre raisonnement, qui s'appuie sur les principes, et au moins indirectement sur les principes premiers, est un mouvement qui va de la lumière à la lumière ; mais cette dernière lumière n'était d'abord qu'une obscurité.

Il ne faudrait donc pas croire que cette faculté de raisonner, en procédant du connu à l'inconnu, qui est vraiment une dignité pour la nature humaine, par comparaison aux natures inférieures, soit une dignité absolue. Si elle est une force, mise en parallèle avec la connaissance instinctive et superficielle des animaux non raisonnables, elle est une faiblesse, comparée à l'intelligence des esprits purs et à la vue de la vérité par Dieu lui-même.

C'est à juste titre, fait observer saint Thomas,

que l'ange est appelé *intellectuel* et l'âme humaine *raisonnable*. L'esprit pur, en effet, dans les premières notions qu'il conçoit à sa manière, naturellement, par ses idées innées ou par la considération de sa substance immatérielle, voit immédiatement, tout aussitôt, toutes les vérités que ces notions enveloppent ; et c'est là le propre de la simple intelligence, d'après l'étymologie même du mot « intelligence » : *inter legere*, lire entre, au milieu ; ou *intus legere* (étymologie peut-être moins exacte), lire au dedans. Sans doute, l'ange sait bien ce que c'est que raisonner ; il se rend bien compte du lien qui attache une conséquence à un principe, et de la possibilité de procéder du principe à la conséquence ; mais lui, il n'a pas besoin de raisonner ; car, dès l'instant où il voit le principe, il voit dans ce principe même la conséquence qu'il implique : aussi, tout intelligent qu'il est, n'est-il pas, à proprement parler, raisonnable. L'homme, au contraire, est à la fois intelligent et raisonnable : intelligent, parce qu'il lit de suite le sens des principes dans l'énoncé de leurs termes : raisonnable, parce qu'il part de là pour s'avancer vers d'autres vérités dérivées, par le mouvement d'esprit appelé raisonnement. Et cela, parce que son entendement n'est pas assez lumineux pour faire luire dans la première évidence, sans délai, la clarté des jugements qui en dépendent (1).

Et Dieu ? Oh ! ici nous sommes en présence d'une dignité encore plus haute que celle du plus pur esprit créé. Non seulement il ne saurait y avoir en Dieu de mouvement rationnel, de *discours* par succession d'idées et de jugements ; non seulement Dieu voit toutes les conséquences possibles dans l'intime profondeur des prin-

---

(1) Inferiores intellectus, scilicet hominum, per quemdam motum et discursum intellectualis operationis perfectionem in cognitione veritatis adipiscuntur, dum scilicet ex uno cognito in aliud cognitum procedunt. Si autem statim in ipsa cognitione principii noti inspicerent quasi notas omnes conclusiones consequentes, in eis discursus locum non haberet. Et hoc est in angelis : quia statim in illis quæ primo naturaliter cognoscunt, inspiciunt omnia quæcumque in eis cognosci possunt. Et ideo dicuntur intellectuales ; quia etiam apud nos ea quæ statim naturaliter apprehenduntur, intelligi dicuntur : unde intellectus dicitur habitus principiorum. Animæ vero humanæ, quæ veritatis notitiam per quemdam discursum acquirunt, rationales vocantur. Quod quidem contingit ex debilitate intellectualis luminis in eis. Si enim haberent plenitudinem intellectualis luminis, sicut angeli, statim in primo aspectu principiorum totam virtutem eorum comprehenderent, intuendo quidquid ex eis syllogizari posset (I, q. LVIII, a. 3).

cipes ; mais il est lui-même le principe des principes ; et, si je l'osais, je citerais ici la parole divine de l'Évangile : « *Principium, qui et loquor vobis;* Moi, le Principe, qui vous parle ». C'est donc en lui-même que Dieu voit tout, c'est en se contemplant lui-même qu'il connait toutes choses, d'un seul regard, simultanément, parce qu'il est l'être original et immobile d'où découlent tous les êtres, la source idéale et essentielle de tout ce qui est possible et de tout ce qui est (1).

En Dieu, donc, pas de raisonnement ; mais une vue simple de tous les possibles, parce qu'il en est la forme idéale par son essence même ; et de tous les existants, parce qu'il en est la forme exemplaire et créatrice, dans son éternelle présence à la succession des temps. Dieu est l'intelligence suprême, la souveraine intelligence.

Aristote avait fort bien distingué la manière humaine de connaître et de découvrir la vérité :

(1) In scientia divina nullus est discursus... Deus autem omnia videt in uno, quod est ipse, ut habitum est art. 4 et 5 hujus quæst. Unde simul et non successive omnia videt.... Unde, quum Deus effectus suos in seipso videat sicut in causa, ejus cognitio non est discursiva (I, q. XIV, a. 7).

il a clairement montré le rôle des principes pour notre entendement, et très exactement décrit le mouvement successif de notre raison. Il avait aussi admirablement aperçu l'immutabilité et la simplicité de la pensée divine, pensée de la pensée, selon son expression, qui est peut-être la plus belle définition philosophique de la Divinité (1).

III. — Poursuivons l'étude des procédés de l'esprit humain.

C'est un fait d'expérience que la connaissance des principes forme en nous une disposition habituelle à raisonner. Quand nous avons conçu et affirmé une proposition principale, nous avons par cela même une facilité à en tirer des conclusions. Cette tendance se manifeste dans la plupart de nos discours. Néanmoins, en général, on ne se rend pas nettement compte de la quantité de principes qui sont inclus dans nos raisonnements quotidiens, souvent très rapides, à peine esquissés. C'est comme un nerf caché, presque inaperçu, qui donne de la force à nos paroles, parce qu'il en donne à nos

---

(1) *Metaph.*, XI, ix (3), Firmin-Didot.

pensées. Le travail du philosophe est de dégager ces principes plus ou moins dissimulés et laissés dans l'ombre. Le mathématicien et le géomètre posent de même en évidence, comme axiomes, des principes admis implicitement par la plupart des hommes et appliqués fréquemment dans le demi-jour des raisonnements spontanés.

On peut donc dire que notre intelligence a, pour discourir rationnellement, un fonds intime de principes, ce que saint Thomas appelle *habitus principiorum* (1). Le mot *habitus* est la traduction littérale du mot d'Aristote, ἕξις, qu'on pourrait traduire en français : un avoir, une possession. Ce qu'il exprime ici n'est pas une simple habitude, c'est quelque chose de plus fondamental ; c'est une vertu intellectuelle, fondée sur notre nature même, qui perfectionne notre intelligence et la prépare à voir de suite le vrai évident par lui-même.

Une telle disposition est-elle nécessaire à toute intelligence ?

---

(1) Quod autem est per se notum, se habet ut principium, et percipitur statim ab intellectu : et ideo habitus perficiens intellectum ad hujusmodi veri considerationem vocatur intellectus qui est habitus principiorum (I-II, q. LVII, a. 2).

En Dieu, il n'existe point de pareil *habitus*, puisque dans l'acte pur, qui est Dieu même, il ne saurait y avoir aucun intermédiaire entre l'essence et l'opération ; là pas même de facultés, point de puissances, à plus forte raison point de dispositions préparant à l'acte. Tout est acte en Dieu, et acte unique, acte essentiel (1).

Mais l'ange ? Sans doute, il n'est pas tout acte; il a des puissances ; mais, pour se connaître lui-même, il n'a besoin d'aucune disposition préparatoire, ni même d'aucune forme intelligible autre que sa propre substance : l'esprit pur est par son essence même une forme intelligible, dont la présence intime suffit pour faire saisir cet esprit par son intelligence. Or, en se voyant ainsi directement, sans aucun intermédiaire, il conçoit l'être et les premiers principes qui dérivent de la notion d'être, et cela, semble-t-il, immédiatement aussi, sans avoir besoin, pour poser rapidement et facilement les principes premiers, d'une vertu intellectuelle perfectionnant sa faculté de connaître. Il voit même, dans sa propre essence, un certain

(1) Intelligere Dei est ejus substantia (I, q. XIV, a. 4).

exemplaire des autres êtres possibles, non pas leur type déterminé et précis, mais un modèle idéal de leurs caractères communs (1). Néanmoins, pour appliquer les premiers principes aux espèces particulières d'êtres, il faut à l'esprit pur des idées spéciales qui lui représentent les autres natures, et il a ces idées par innéité surajoutée à son intelligence. Cette addition de formes intelligibles, que Dieu fait dans l'entendement angélique en le créant, donne à celui-ci dès l'origine une disposition naturelle à se servir de ces représentations à sa manière, c'est-à-dire pour voir, d'un seul regard, les principes dans les notions particulières, les conséquences dans les principes (2).

(1) Ea quæ sunt infra angelum, et ea quæ sunt supra ipsum, sunt quodammodo in substantia ejus, non quidem perfecte, neque secundum propriam rationem, quum angeli essentia finita existens secundum propriam rationem ab aliis distinguatur; sed secundum quamdam rationem communem... Deus per essentiam suam habet propriam cognitionem de rebus omnibus, non autem angelus, sed solam communem (I, q. LV, a. 1, ad 3).

(2) Neutro modo contingit in hominibus esse habitus naturales, ita quod sint totaliter a natura. In angelis siquidem contingit, eo quod habent species intelligibiles naturaliter inditas, quod non competit humanæ naturæ, ut in I dictum est, q. LV, a. 2 (I-II, q. LI, a. 1).

Comment la disposition aux principes prend-elle naissance dans l'esprit humain ? Est-ce en se considérant lui-même que notre entendement conçoit tout d'abord la notion d'être et, par elle, les principes qui s'y rattachent ? Aurait-il quelques idées secrètement innées et une capacité naturelle de les mettre en œuvre, pour former les principes premiers et même les propositions élémentaires qui s'affirment au début des sciences spéciales ? Ou bien l'aptitude aux principes est-elle une disposition acquise par notre intelligence ? Et alors, comment s'acquiert-elle ? Quelle part la nature a-t-elle dans cette acquisition ? Et quelle part l'expérience ? Voilà ce que je voudrais examiner maintenant.

II

GÉNÉRATION DES PRINCIPES.

I. — Le principe d'identité ou de contradiction est inclus dans d'autres principes considérés comme premiers.
II. — Formation du principe d'identité au moyen de la notion d'être, par la coopération de notre entendement et de nos puissances sensitives.
III. — Formation des principes dérivés du principe d'identité : naissance de la disposition habituelle aux principes.
IV. — Rôle de notre lumière intellectuelle dans la génération des principes, par opposition à l'hypothèse inadmissible de la vision en Dieu.

I. — Les principes, nous le savons, ne sont pas nécessairement principes premiers. On peut considérer comme principes des propositions précédemment démontrées ou supposées démontrées parce qu'elles sont démontrables ; par exemple, un théorème de géométrie, qui sert de point de départ aux démonstrations suivantes, peut être posé comme un principe en tête de ces démonstrations.

D'autres propositions sont tenues pour évidentes par elles-mêmes, parce que nous voyons très facilement qu'elles sont vraies ; et cependant, avec une analyse délicate, on pourrait les rattacher à un principe plus primitif. Les plus évidentes ne peuvent-elles pas au moins se ramener au principe d'identité ? Ainsi, cet axiome dont nous avons déjà parlé : le tout est plus grand que sa partie, paraît lumineux par lui-même ; mais il ne serait pas très difficile de montrer qu'il est lié au principe d'identité : *ce qui est, est ;* c'est ce premier principe qui, tout en restant caché, fait la facilité même de l'affirmation par laquelle nous posons l'axiome : le tout est plus grand que sa partie.

En effet, qu'est-ce qu'être plus grand ? N'est-ce pas, par rapport à une chose, coïncider avec cette chose, et la dépasser ? Par exemple, en géométrie, on peut dire : une ligne droite plus grande qu'une autre, c'est une droite qui, dans une de ses parties, coïncide avec cette autre, mais la dépasse en longueur. Voilà une définition du plus grand. Or, le tout, par rapport à sa partie, est précisément une grandeur qui coïncide avec sa partie et la dépasse : et c'est cette

notion implicitement connue qui nous fait dire :
« Le tout est plus grand que sa partie ». En
réalité nous énonçons deux fois la même idée,
que nous affirmons identique à elle-même. C'est
comme si nous disions : « Ce qui coïncide avec
sa partie et la dépasse, coïncide avec sa partie
et la dépasse ». C'est donc bien le principe d'identité
que nous avons pris sur le fait, dans cet
axiome qui semblait ne tirer son évidence que
de lui-même (1).

S'il est vrai, comme le pense saint Thomas,
que les propositions évidentes par elles-mêmes
sont celles dans lesquelles l'attribut est déjà
compris dans la notion du sujet (2), il est clair
qu'elles sont toutes fondées sur le principe d'identité
: *ce qui est, est;* ou de contradiction : *ce qui*

(1) Quia hoc principium, *impossibile est esse et non esse simul,* dependet ex intellectu entis, sicut hoc principium, *omne totum est majus sua parte,* ex intellectu totius et partis, ideo hoc etiam principium est naturaliter primum in secunda operatione intellectus, scilicet componentis et dividentis. Nec aliquis potest secundum hanc operationem intellectus aliquid intelligere, nisi hoc principio intellecto. Sicut enim totum et partes non intelliguntur nisi intellecto ente, ita nec hoc principium, *omne totum est majus sua parte,* nisi intellecto prædicto principio firmissimo (in IV *Metaphys.*, lect. II).

(2) Secundum se quidem quælibet propositio dicitur per se nota, cujus prædicatum est de ratione subjecti (I-II, q. XCIV, a. 2).

est ne peut à la fois être et n'être pas sous le même rapport; cette dernière formule n'étant qu'une autre expression du même principe.

Nous verrons, dans la prochaine leçon, s'il n'y a pas quelque principe dans lequel l'attribut ne puisse être trouvé par l'analyse dans la notion du sujet. Admettons, pour le moment, que le principe d'identité ou de contradiction est le seul qui certainement soit tout à fait premier, c'est-à-dire absolument irréductible à aucun autre, et qu'il est le fondement manifeste ou latent de tout autre axiome et de toute démonstration.

II. — Si nous voulons remonter aux origines de la connaissance humaine, nous voilà conduits à décrire le procédé par lequel se forme dans notre intelligence la disposition initiale au principe d'identité, et la manière dont est engendrée ensuite la disposition aux principes dérivés du premier.

On dira peut-être : « Pourquoi chercher si loin ? Notre esprit conçoit naturellement l'être et naturellement aussi voit comme certaine l'identité de l'être avec l'être même : c'est l'exercice primitif d'une faculté native ; si l'on ne veut pas dire que l'idée d'être et le principe d'identité sont innés, il faut du moins reconnaître que notre âme a la faculté innée de concevoir cette idée et d'adhérer à l'évidence de ce principe. Dès lors le problème est résolu ».

Sans doute, répondrai-je, notre entendement a la puissance naturelle de voir la clarté intrinsèque du principe d'identité, comme il a par nature la capacité première de saisir l'être. Néanmoins, pour que la notion d'être et le jugement sur l'être identique soient produits dans notre intelligence, il faut la collaboration de nos puissances sensitives et des deux facultés, l'une active, l'autre réceptive, de notre entendement. Toute cette coopération est nécessaire en même temps pour nous disposer intimement à un principe, quelque conformité qu'il ait avec notre nature intellectuelle.

Rappelons-nous, en effet, que, dans la vie présente, l'union étroite de notre âme avec la matière corporelle oblige toute notre connaissance à prendre ses premiers éléments dans les données sensibles (1). C'est l'imagination qui présen-

---

(1) Impossibile est intellectum nostrum secundum praesentis vitæ statum, quo passibili corpori conjungitur, aliquid intelligere in actu nisi convertendo se ad phantasmata ; et hoc duobus indiciis apparet... (I, q. LXXXIV, a. 7).

te celles-ci, en définitive, à l'activité de notre entendement, chargée de les transformer en représentations abstraites. Or, l'imagination est une faculté organique, cérébrale. Voilà pourquoi il nous est impossible de penser, si une maladie de l'organisme, en débilitant ou troublant notre cerveau, arrête le fonctionnement de l'imagination. Le besoin qu'a notre intelligence d'une image sensible, pour voir l'idée, se manifeste encore dans cet appel si fréquent que nous faisons aux exemples, aux faits particuliers, pour saisir nous-mêmes ou faire saisir quelque notion universelle qu'ils réalisent. Mais il y a plus : nous ne pouvons concevoir rien d'incorporel qu'en appuyant notre pensée actuelle sur quelque représentation plus ou moins corporelle, et les concepts les plus purs que nous formons ont toujours une certaine enveloppe sensible. Sans doute, nous ne confondons pas le spirituel avec le matériel, mais nous ne considérons ce qui est esprit qu'en rapport avec ce qui est matière : même l'idée de Dieu ne peut être présente à notre intelligence qu'accompagnée de quelques traits sensibles. Et comment parvenons-nous à l'idée explicite de Dieu ? N'est-ce pas en portant à l'absolu et à l'infini les perfections relatives et bornées que nous observons dans les autres êtres, dont nous le posons la première cause et le premier modèle? Et ces perfections ne sont devant notre esprit que sous quelque vêtement sensible, c'est-à-dire plus ou moins corporel. La parole les exprime par des mots au moyen desquels elle désignait d'abord des réalités que perçoivent les sens : esprit, par exemple, vient de *spiritus*, qui signifie primitivement un souffle, en apparence peu matériel (1).

Tous ces faits montrent que saint Thomas a raison d'affirmer que « l'entendement humain, uni au corps, a pour objet propre et primitif quelque nature existant dans une matière corporelle, et que c'est par les natures des choses visibles qu'il s'élève à quelque

---

(1) Incorporea, quorum non sunt phantasmata, cognoscuntur a nobis per comparationem ad corpora sensibilia, quorum sunt phantasmata : sicut veritatem intelligimus ex consideratione rei circa quam veritatem speculamur. Deum autem, ut Dionysius dicit, cap. I *de Divin. Nomin.* lect. 3, cognoscimus ut causam et per excessum et per remotionem. Alias etiam incorporeas substantias in statu præsentis vitæ cognoscere non possumus, nisi per remotionem vel aliquam comparationem ad corporalia. Et ideo, quum de hujusmodi aliquid intelligimus, necesse habemus converti ad phantasmata corporum, licet ipsorum non sint phantasmata (I, q. LXXXIV, a. 7, ad 3).

connaissance des choses invisibles » (1).

C'est donc en appliquant son activité aux images sensibles que notre entendement forme ses premières conceptions, et la première de toutes, celle qui est le soutien de toutes les autres, que toutes les autres supposent comme leur fondement, c'est la conception de l'être : nous la produisons en connaissant des êtres, et tout d'abord des êtres sensibles, et c'est en voyant de l'être réalisé sous une physionomie perceptible par les sens que nous apercevons par notre intelligence l'être abstrait, l'être universel (2).

La notion d'être, ainsi formée, nous conduit immédiatement à juger que l'être est identique à lui-même, c'est-à-dire à poser le principe d'identité : *ce qui est, est.* Ce n'est là que l'épanouissement de la première connaissance intellectuelle de l'être. Dès que nous concevons l'être sous forme abstraite, nous le voyons sous forme absolue et

---

(1) Intellectus autem humani, qui est conjunctus corpori, proprium objectum est quidditas sive natura in materia corporali existens ; et per hujusmodi naturas visibilium rerum etiam in invisibilium rerum aliqualem cognitionem ascendit (I, q. LXXXIV, a. 7).

(2) Cognitio intellectiva aliquo modo a sensitiva primordium sumit. Et quia sensus est singularium, intellectus autem universalium, necesse est quod cognitio singularium quoad nos prior sit quam universalium cognitio (I. q. LXXXV, a. 3).

GARDAIR. — THÉOR. DE LA CONN. — 13.

universelle, et cet aspect d'absolu et d'universalité se traduit en identité nécessaire de l'être avec l'être. La même lumière dont s'éclaire le concept initial fait luire à notre intelligence l'axiome élémentaire, qui, précisément parce qu'il apparaît comme nécessaire, peut s'exprimer aussi en négation absolue de la contradiction : *ce qui est ne peut à la fois être et ne pas être.* Voilà l'origine et l'éclosion du principe tout à fait premier (1).

III.— Les autres principes, impliquant l'existence évidemment nécessaire de l'attribut dans le sujet, sont de nouvelles manifestations du principe d'identité ; il est naturel que notre entendement les compose en revêtant l'identité des déterminations spéciales qu'apporte le progrès de la connaissance. Au fur et à mesure que nous arrive une nouvelle forme intelligible, que nous concevons une nouvelle nature avec un attribut

---

(1) In his autem quæ in apprehensione hominum cadunt, quidam ordo invenitur. Nam illud quod primo cadit sub apprehensione, est ens, cujus intellectus includitur in omnibus quæcumque quis apprehendit. Et ideo primum principium indemonstrabile est quod *non est simul affirmare et negare*, quod fundatur supra rationem entis et non entis ; et super hoc principio omnia alia fundantur, ut dicit Philosophus in IV *Metaph.* (I-II, q. xciv, a. 2).

nécessaire de cette nature, nous constituons, au moyen du principe d'identité et de ces données où il se réalise, des principes dérivés de l'axiome primordial, qui peuvent être considérés comme premiers dans l'ordre des concepts spéciaux. Par exemple, il suffira que nous ayons les notions du tout et d'une partie de ce tout, pour lier nécessairement le tout à la partie par le rapport du plus grand au plus petit, parce que cette relation est comprise dans la nature même du tout comme dans celle de la partie, et que le nouvel axiome n'est qu'une application du principe d'identité, auquel notre intelligence est déjà conformée par une disposition habituelle. Ainsi sont posés, au début de chaque science particulière, des principes dont l'origine est l'universalisation par l'entendement des caractères naturels constatés par l'observation sensible.

On peut donc dire que la disposition aux principes est acquise par notre intelligence, mais sans raisonnement, dès la première conception de l'être, s'il s'agit du principe d'identité, et dès la première conception du rapport nécessaire entre un sujet et un attribut, pour les autres principes : il faut ajouter que ce rapport est saisi au moyen du principe, tout à fait premier, d'identité ou de contradiction.

La disposition aux principes n'est donc pas plus innée dans l'intelligence humaine que les premières formes intelligibles ; mais, dès que ces formes se gravent en elles, elles développent sa nature même en capacité habituelle d'affirmer les principes. L'habileté ainsi produite est naturelle, sans doute, mais non pas exclusivement naturelle : c'est une qualité profonde ajoutée à la faculté réceptive de l'entendement humain par le cours normal de la connaissance (1).

Il faut donc admettre que les formes simples sont suffisamment lumineuses par elles-mêmes, pour que l'entendement qui les reçoit conçoive de suite avec évidence les jugements qui les composent en axiomes.

En dernière analyse, l'intellect agent est la cause active qui engendre la disposition aux principes dans notre intellect réceptif, auquel il

---

(1) Intellectus principiorum dicitur habitus naturalis : ex ipsa enim natura animæ intellectualis convenit homini quod, statim cognito quid est totum et quid est pars, cognoscat quod *omne totum est majus sua parte*; et simile est in cæteris. Sed quid sit totum et quid sit pars cognoscere non potest nisi per species intelligibiles a phantasmatibus acceptas. Et propter hoc Philosophus, in fine *Posteriorum*, ostendit quod cognitio principiorum provenit nobis ex sensu (I-II, q. LI, a. 1).

communique sa lumière en imprimant en lui les formes intelligibles ; et pour cette opération, notre activité intellectuelle se sert des données sensibles, offertes par l'imagination, comme d'un élément instrumental (1).

IV. — Les principes ne sont donc pas dans notre entendement actif : notre lumière intellectuelle, dans son activité première, ne les contient pas plus que les notions simples. Ni les notions universelles ni les axiomes ne sont, non plus, dans l'imagination : le sensible ne contient que du sensible, de l'individuel ; l'universel n'y est pas à l'état d'universel ; et c'est pour cela que l'animal ne peut sortir du cercle étroit de l'individuel. Mais aussi bien les principes que les concepts simples dont ils sont composés, prennent naissance dans notre intelligence à la fois réceptive et pensante, sous l'action de cette puissance mystérieuse, mais réelle, de notre âme, qui fait en nous tous les intelligibles. Si cette puissan-

---

(1) In receptione qua intellectus possibilis species rerum accipit a phantasmatibus, se habent phantasmata ut agens instrumentale et secundarium, intellectus vero agens ut agens principale et primum. Et ideo actionis effectus relinquitur in intellectu possibili secundum conditionem utriusque, et non secundum conditionem alterius tantum (*de Veritate*, q. x, *de Mente*, a. 6, ad 7).

ce opère ce prodige, c'est qu'elle a été créée en nous sur le modèle de la lumière divine, où resplendissent à la fois les idées éternelles et les principes immuables, mais créée par similitude amoindrie, par une certaine participation atténuée à l'intellectualité essentielle de l'Être premier (1).

Ce n'est pas directement en Dieu que nous voyons les principes rationnels ni les idées universelles des choses. Ces philosophes se trompent, qui croient pouvoir les saisir naturellement et immédiatement dans l'essence divine. Mais notre entendement actif, fait à la ressemblance de Dieu, immatériel comme lui, en acte comme lui, bien que d'une actualité dérivée de la sienne, est la cause interne qui, avec le concours de nos puissances sensitives et finalement de notre imagination, fait luire en nous les idées et les principes. Voilà la différence entre le système appelé ontologisme, qui suppose la vue de l'être dans l'Être divin, et la philosophie de saint Thomas, qui, tout en rat-

(1) Hujusmodi autem rationis lumen, quo principia hujusmodi sunt nobis nota, est nobis a Deo inditum, quasi quædam similitudo increatæ veritatis in nobis resultantis (*de Veritate*, q. xi, *de Magistro*, a. 1).

tachant d'une manière très étroite et très profonde, mais par création, l'intelligence humaine à l'intelligence divine, ne craint pas de dire que la lumière intellectuelle, dans l'homme, est essentielle à une faculté de l'âme (1).

Cette doctrine n'est-elle pas encore plus belle que l'ontologisme ? — Il y a quelque chose de séduisant dans la sublimité apparente de la vision naturelle en Dieu : cette hypothèse semble nous élever au dessus de nous-mêmes. Mais, je me permettrai de le demander, n'y a-t-il pas, en réalité, une plus grande dignité pour l'homme à posséder en lui, au cœur même de son être, une lumière génératrice des intelligibles, au lieu d'avoir besoin de les percevoir en Dieu ? Nous sommes bien plus puissants que ne le suppose Malebranche, puisque nous avons en nous-mêmes une activité, faculté naturelle de notre âme, qui crée en nous l'idée et par l'idée le jugement. Certes, nous ne créons pas de rien, *ex nihilo :* il faut à notre entendement actif une

---

(1) Omnia dicimur in Deo videre et secundum ipsum de omnibus judicare, inquantum per participationem sui luminis omnia cognoscimus et judicamus. Nam et ipsum lumen naturale rationis participatio quædam est divini luminis : sicut etiam omnia sensibilia dicimur videre et judicare in sole, id est per lumen solis (I, q. XII, a. 11, ad 3).

matière pour la transformer en représentations intelligibles. Cette matière, nos sens en prennent les premiers éléments dans le monde extérieur ; elle est élaborée peu à peu par nos facultés de connaissance sensible, notamment par la mémoire et par l'appréciation ; l'imagination recueille toutes les données des sens externes et internes, et les présente à la partie intellectuelle de notre âme. Notre entendement intervient, à la fois comme un facteur qui va agir et comme une puissance réceptive qui attend ce qui va lui être donné pour en prendre possession, afin de concevoir l'idée et le jugement nécessaire. Par la première notion d'être se fait la conception du principe rigoureusement premier, celui d'identité ou de contradiction ; sur ces commencements viennent se greffer de nouveaux concepts et principes, plus nourris et plus féconds, par la généralisation de nouvelles données sensibles, et ainsi se poursuit l'œuvre de la connaissance, sous le rayonnement constant d'un foyer qui nous appartient en propre, mais dont l'origine première est plus haut que nous.

Sans doute, on peut le dire, pour nous apprendre ce qui est et ce qui doit être, Dieu nous parle au dedans de l'âme ; il est lui-même notre maître intérieur, notre principal maître ; mais il nous parle par les puissances de vérité qu'il a créées en nous en créant notre substance (1).

Nous sommes donc aussi notre maître à nous-mêmes, et les maîtres humains qui nous enseignent du dehors ne peuvent nous convaincre qu'en éveillant notre parole intérieure, écho vivant de la parole essentielle de Dieu.

(1) Quod aliquid per certitudinem sciatur, est ex lumine rationis divinitus interius indito, quo in nobis loquitur Deus (*de Veritate*, q. xi, *de Magistro*, a. 1, ad 13).

VII

LES PRINCIPES RATIONNELS

VII

LES PRINCIPES RATIONNELS

INTRODUCTION

Différence entre la théorie de Leibniz et celle de saint Thomas sur l'origine des idées et des principes. — Tous les principes sont-ils analytiques ?

Ce que nous avons dit jusqu'ici de la connaissance humaine permet de conclure avec Leibniz, mais avec une interprétation un peu différente de la sienne :

« *Nihil est in intellectu quod non fuerit in sensu, nisi ipse intellectus.* Il n'est rien dans l'entendement qui n'ait été dans le sens, excepté l'entendement lui-même » (1).

---

(1) « On m'opposera cet axiome reçu parmi les philosophes : qu'il n'est rien dans l'âme qui ne vienne des sens ; mais il faut excepter l'âme même et ses affections : *Nihil est*

Cette conclusion est bien celle d'Aristote et de saint Thomas, puisqu'ils enseignent que les sens ne peuvent donner tout ce que contient notre connaissance, et que l'entendement ajoute sa lumière propre pour transformer en nous le sensible.

Mais, tout en s'inspirant de la philosophie péripatéticienne, Leibniz explique à sa manière l'origine des conceptions de notre intelligence. A son avis, l'esprit humain découvre en lui-même ses idées fondamentales et les vérités premières qu'il affirme : elles lui sont innées, non pas à l'état de parfait développement, mais comme des « virtualités naturelles » toutes prêtes à se montrer en acte, et même « toujours accompagnées de quelques actions » cachées ou manifestes « qui y répondent ». L'âme intelligente, dans cette théorie, n'a qu'à faire attention à ce qu'elle porte en elle-même pour saisir les premiers objets de la pensée : « ils sont immédiats à notre entendement et toujours présents, quoiqu'ils ne sauraient être toujours aperçus

---

in intellectu quod non fuerit in sensu ; excipe, nisi ipse intellectus ». Leibniz, *Nouveaux essais sur l'Entendement humain* liv. II, ch. 1, § 2.

à cause de nos distractions et besoins » (1).

D'après saint Thomas, nous le savons, la faculté active de l'entendement humain est bien en acte par sa nature même, elle a bien en elle être immatériel, unité, identité, énergie de cause, mais elle n'a pas et ne prend pas conscience de ces perfections qui la caractérisent : seulement, sa présence dans l'âme, avec la direction de son activité vers les images sensibles, féconde les éléments individuels apportés par notre connaissance inférieure, en fait éclore des représentations universelles, qui se posent dans l'entendement réceptif, et au moyen desquelles celui-ci conçoit les principes, les vérités nécessaires.

Ces principes intellectuels, sur lesquels la raison s'appuie pour ses démarches ultérieures, pour ses raisonnements, appellent encore notre examen : nous avons à rechercher si vraiment ils se ramènent tous à un seul principe absolument premier, au principe d'identité ou de contradiction, comme semble le penser saint Thomas ; s'il n'y a pas quelque proposition évidente par elle-même dont les termes, sujet

(1) *Nouveaux essais*, préface.

et attribut, ne soient pas unis l'un à l'autre par une identité que l'analyse montre, mais plutôt par un rapprochement qu'opère une synthèse naturelle.

Or, la raison humaine a un double objet : la considération de la vérité en elle-même et pour elle-même, ce qu'on appelle la spéculation, et la considération de la vérité en tant qu'elle est ordonnée à l'action. Suivant ces deux points de vue, on distingue la raison *spéculative* et la raison *pratique*.

Il faut donc étudier les principes rationnels : d'abord, à l'égard de la raison spéculative ; puis, à l'égard de la raison pratique.

I

PRINCIPES DE LA RAISON SPÉCULATIVE.

I. — Les deux principes fondamentaux de la raison spéculative : le principe d'identité ou de contradiction et le principe de raison suffisante.
II. — Comment le principe de raison suffisante se rattache au principe d'identité ou de contradiction.

I. — C'est à Leibniz que revient l'honneur d'avoir nettement distingué les deux principes fondamentaux de la raison spéculative, le principe d'identité ou de contradiction et le principe de raison suffisante ou déterminante.

Aristote avait posé le principe d'identité ou de contradiction comme le premier de tous les principes (1) ; mais il ne paraît pas avoir aussi bien mis en lumière le principe de raison suf-

---

(1) Φύσει γὰρ ἀρχὴ καὶ τῶν ἄλλων ἀξιωμάτων αὕτη πάντων (*Metaph.*, III, ɪɪɪ (9), Firmin-Didot).

fisante. Peut-être celui-ci lui paraissait-il implicitement compris dans l'affirmation du principe d'identité ; mais, en toute hypothèse, le principe de raison suffisante a une telle importance dans l'édification de la science qu'il mérite d'être posé à part.

« Il faut considérer, dit Leibniz, qu'il y a deux grands principes de nos raisonnements : l'un est le principe de la contradiction, qui porte que de deux propositions contradictoires, l'une est vraie, l'autre fausse ; l'autre principe est celui de la raison déterminante : c'est que jamais rien n'arrive sans qu'il y ait une cause ou du moins une raison déterminante, c'est-à-dire quelque chose qui puisse servir à rendre raison *a priori* pourquoi cela est existant plutôt que de toute autre façon » (1).

« Nos raisonnements, dit-il ailleurs, sont fondés sur deux grands principes, celui de la contradiction, en vertu duquel nous jugeons faux ce qui en enveloppe, et vrai ce qui est opposé ou contradictoire au faux ; et celui de la raison suffisante, en vertu duquel nous considérons qu'aucun fait ne saurait se trouver vrai, aucune

(1) *Essais sur la bonté de Dieu*, etc.; 1re partie, § 44.

énonciation véritable, sans qu'il y ait une raison suffisante pourquoi il en soit ainsi et non pas autrement, quoique ces raisons le plus souvent ne puissent point nous être connues » (1).

Je reconnais sans doute que Leibniz a abusé du principe de la raison déterminante pour affirmer le déterminisme universel, sans excepter la volonté libre de l'homme et la liberté même de Dieu. Mais ces exagérations ne doivent pas nous empêcher de lui attribuer le mérite d'avoir, mieux que tout autre philosophe avant lui, fait ressortir la valeur du principe de raison suffisante.

Distinguons donc d'abord, avec Leibniz, les deux principes à l'origine du mouvement rationnel.

Aristote avait énoncé le principe d'identité, comme Leibniz, sous la forme du principe de contradiction : « Il est impossible que la même chose à la fois soit et ne soit pas dans la même chose et sous le même rapport », dit-il dans sa *Métaphysique* (2). Ce que saint Thomas tra-

---

(1) *Monadologie*, §§ 31, 32.

(2) Τὸ γὰρ αὐτὸ ἅμα ὑπάρχειν τε καὶ μὴ ὑπάρχειν ἀδύνατον τῷ αὐτῷ καὶ κατὰ τὸ αὐτό (*Met.*, III, III (8), F.D.)

duit ainsi : « *Est impossibile eidem simul inesse et non inesse idem et secundum idem* ».

Saint Thomas énonce encore ce principe sous cette autre forme : « *Non est simul affirmare et negare* (1). Il est impossible d'affirmer et de nier à la fois ».

Sous la forme de l'identité ou sous celle de la contradiction, c'est bien au fond le même principe ; mais l'affirmation de l'identité est plus primitive encore que la négation de la contradiction.

L'entendement se dit à lui-même : « Ce qui est, est », avant de se dire : « Ce qui est n'est pas non existant » ; et c'est parce que la première proposition est vraie, que la seconde l'est aussi ; s'il est impossible d'affirmer et de nier à la fois, c'est que la vérité affirmée est une vérité.

Le principe rigoureusement premier est donc plutôt le principe d'identité que le principe de contradiction, mais celui-ci se ramène à celui-là, dont il n'est qu'une transformation logique.

Malgré sa simplicité, le principe d'identité ou de contradiction a une importance considéra-

(1) I-II, q. xciv, a. 2. — II-II, q. I, a. 7.

ble au point de vue métaphysique, parce qu'il est la première construction de l'intelligence sur la base de son objet premier.

Le propre de l'intelligence humaine, nous l'avons vu, est de saisir l'être et de concevoir sous la forme de l'être tous les objets que lui présente l'imagination. En concevant l'être, elle le distingue du *non-être*, et sur cette distinction établit le principe : « On ne peut à la fois affirmer et nier ». Première conception de l'*être*, distinction radicale entre l'*être* et son contradictoire le *non-être*, et, par suite, négation d'identité entre l'*être* et le *non-être* : tel est l'ordre de nos premières pensées.

II. — Saint Thomas enseigne, d'après Aristote, que sur le principe d'identité ou de contradiction sont fondés tous les autres principes rationnels, qu'ils sont tous implicitement contenus dans ce premier principe, auquel ils peuvent se ramener (1) ; et il n'hésite pas à caractériser ainsi toutes les propositions connues

---

(1) In quibus principiis ordo quidam invenitur, ut quædam in aliis implicite contineantur ; sicut omnia principia reducuntur ad hoc sicut ad primum : Impossibile est simul affirmare et negare, ut patet per Philosophum in IV *Metaphys*. (II-II, q. I, a. 7).

par elles-mêmes : « Ce sont les propositions dans lesquelles l'attribut est posé dans la définition du sujet » (1).

Faut-il donc admettre que le principe de raison suffisante, dégagé par Leibniz, peut se ramener par analyse au principe d'identité ?

Cette question est de la plus haute importance ; car le principe de raison suffisante sert de point de départ à des démonstrations capitales, par exemple à celle de l'existence de Dieu. Il est donc souverainement intéressant de savoir s'il a la même évidence que cet axiome si simple : ce qui est, est.

Rappelons la formule donnée par Leibniz, dans la *Monadologie*, du principe de raison suffisante :

« Aucun fait ne saurait se trouver vrai ou existant, aucune énonciation véritable, sans qu'il y ait une raison suffisante pourquoi il en soit ainsi et non pas autrement ».

En d'autres termes : « Ce qui est a une raison d'être ».

Il semble, au premier abord, que ce principe

---

(1) Principia per se nota sunt illa quæ statim intellectis terminis cognoscuntur, ex eo quod prædicatum ponitur in definitione subjecti (I, q. XVII, a. 3, ad 2).

soit vraiment d'autre nature que l'axiome d'identité. La proposition : « ce qui est, est », est évidente parce qu'elle est analytique ; on a manifestement le droit d'affirmer l'attribut du sujet, puisque l'attribut est visiblement dans le sujet même : on répète dans le second membre de la proposition ce qu'on a déjà posé dans le premier. Mais dans le principe de raison suffisante, n'y a-t-il pas une synthèse plutôt qu'une analyse ? Le fait, l'énonciation ne contiennent pas, semble-t-il, dans leur définition, la notion de la raison suffisante. « Ce qui est » signifie seulement une existence actuelle ; la raison d'être ajoute une idée nouvelle à l'idée du sujet existant. Si l'intelligence joint la raison suffisante au fait, à l'énonciation, la raison d'être à la simple existence, c'est sans doute par une nécessité de sa propre nature ; mais ce n'est pas par une évidence analytique, pourrait-on prétendre.

Et cependant, les deux axiomes sont aussi évidents l'un que l'autre : dans les deux cas, c'est la lumière de la vérité, et non une simple nécessité de sa nature, qui force l'intelligence à donner son adhésion.

N'y a-t-il pas une liaison intime entre l'évidence de l'un des axiomes et celle de l'autre ?

Ne sont-ils pas unis dans la même clarté ? Et ne peut-on pas montrer le point où ils se touchent ?

L'intelligence ne se contente pas de saisir l'être ; elle voit qu'il y a dans l'existence actuelle une nécessité à être identique à elle-même, que cette nécessité est dans la nature de toute chose, et que c'est elle qui oblige l'entendement à affirmer le principe d'identité. Dans le fond de l'être, même le plus contingent, il y a quelque nécessité : tout n'est pas livré au hasard, même dans ce qui pourrait ne pas être ; l'actualité est mobile, mais l'existence a quelque chose d'immobile, qui fait qu'étant ce qu'elle est elle ne peut à la fois être ainsi et autrement. C'est cette nécessité inhérente à tout ce qui existe qui me paraît le point où se touchent l'identité et la raison suffisante, et l'entendement, dirai-je, voit implicitement que là elles sont liées.

Prenons, par exemple, un fait purement accidentel, celui que cite saint Thomas : Socrate est assis. Bien que Socrate puisse, s'il le veut, être assis ou se promener, n'est-il pas immuablement vrai que, lorsqu'il est assis, il demeure dans un seul lieu ? Et sa station assise n'est-elle pas évidemment une raison suffisante de sa position permanente dans un seul lieu (1) ?

Pour plus de simplicité encore, revenons au principe de contradiction : la même chose ne peut à la fois être et ne pas être sous le même rapport. En affirmant ce principe, ne voyons-nous pas, implicitement du moins, qu'une raison suffisante le domine et commande notre affirmation, à savoir : l'identité d'une chose avec elle-même ? C'est précisément parce qu'une chose est ce qu'elle est, qu'elle ne peut pas ne pas l'être.

Remontons même jusqu'à l'axiome d'identité : ce qui est, est. Pourquoi le posons-nous ? N'est-ce pas parce que l'être d'une chose est manifestement une raison suffisante de son identité avec elle-même ?

C'est ainsi qu'est enveloppée dans toute affirmation intellectuelle, c'est-à-dire universelle et nécessaire, l'intuition de la nécessité d'une raison à ce qui est affirmé. L'intelligence étend cette loi à l'explication de la simple existence, et, comme elle dit : « Cela est », elle attribue à ce qui est quelque raison d'être.

La nécessité universelle et la raison suffisante sont deux aspects, qui se tiennent, de la même in-

(1) Rerum etiam mutabilium sunt immobiles habitudines : sicut Socrates, etsi non semper sedeat, tamen immobiliter est verum quod, quando sedet, in uno loco manet ; et propter hoc

telligibilité des choses. Si la réalité n'impliquait point une raison d'être, il serait inintelligible que quelque nécessité fût en elle ; il n'y aurait aucune raison qui s'opposât à ce que l'être ne fût pas : l'être et le non-être serait alors sur le pied d'égalité, les contradictoires seraient possibles ; plus de certitude : la négation équivaudrait à l'affirmation.

Aussi, comme l'intelligence voit qu'on ne peut à la fois affirmer et nier, elle voit que tout doit avoir sa raison. Et telle est la racine du principe de causalité : tout ce qui arrive a une cause. A tout événement une cause est nécessaire, parce qu'il est nécessaire que toute chose ait sa raison d'être; la réalité initiale de ce qui arrive doit avoir une raison suffisante, qui nous apparaît devoir être une réalité productrice de l'événement.

Le principe de causalité, qu'on donne souvent comme un principe premier, est donc plutôt un dérivé du principe de raison suffisante. Ce qui le montre bien, c'est que l'esprit humain cherche une raison d'être même à ce qui n'a pas de cause, à l'Être premier, qui est cause de tout sans être causé par rien.

nihil prohibet de rebus mobilibus immobilem scientiam habere (I, q. LXXXIV, a. 1, ad 3).

Ainsi Bossuet s'écrie : « L'impie demande : Pourquoi Dieu est-il ? Je lui réponds : Pourquoi Dieu ne serait-il pas ? Est-ce à cause qu'il est parfait, et la perfection est-elle un obstacle à l'être ? Erreur insensée ! au contraire, la perfection est la raison d'être. Pourquoi l'imparfait serait-il, et le parfait ne serait-il pas ? C'est-à-dire : Pourquoi ce qui tient plus du néant serait-il, et ce qui n'en tient rien du tout ne serait pas ? Qu'appelle-t-on parfait ? un être à qui rien ne manque. Qu'appelle-t-on imparfait ? un être à qui quelque chose manque. Pourquoi l'être à qui rien ne manque ne serait-il pas, plutôt que l'être à qui quelque chose manque ? D'où vient que quelque chose est, et qu'il ne se peut faire que le rien soit, si ce n'est parce que l'être vaut mieux que le rien, et que le rien ne peut pas prévaloir sur l'être, ni empêcher l'être d'être ? Mais, par la même raison, l'imparfait ne peut valoir mieux que le parfait, ni être plutôt que lui, ni l'empêcher d'être. Qui peut donc empêcher que Dieu ne soit : et pourquoi « le néant de Dieu que l'impie veut imaginer dans son cœur insensé » (1), pourquoi, dis-je, ce néant

(1) *Ps.*, xiii, 1.

de Dieu l'emporterait-il sur l'être de Dieu ? Et vaut-il mieux que Dieu ne soit pas que d'être » (1) ?

Nous prenons là sur le fait la nécessité rationnelle que tout ait une raison d'être. Dieu est parce que dans sa nature même est sa raison d'exister : en dehors de Dieu, tout ce qui existe a en Dieu sa raison d'être, et existe par cette raison. Les simples possibles même ne sont possibles que parce qu'il y a quelque raison immanente de leur possibilité, tant il est vrai que tout, même ce qui ne sera peut-être jamais, a besoin d'une raison, pour avoir capacité d'être.

Leibniz a donc bien vu : il y a deux principes de la raison spéculative, celui d'identité ou de contradiction et celui de raison suffisante. Ces deux principes sont distincts ; mais l'entendement, qui voit que rien ne peut être affirmé sans raison, voit que de même rien ne peut exister sans raison : c'est l'extension d'une même évidence, c'est une même loi que révèle une certaine nécessité impliquée dans toute connaissance intellectuelle comme dans toute réalité.

---

(1) Bossuet, *Élévations à Dieu sur tous les mystères de la religion chrétienne*, 1re élévation.

II

PRINCIPES DE LA RAISON PRATIQUE.

I. — L'entendement spéculatif et l'entendement pratique. — Le premier principe de la raison pratique repose sur l'idée du bien, comme le premier principe de la raison spéculative sur l'idée de l'être.

II. — L'obligation morale nous apparaît par la même lumière intellectuelle que les vérités spéculatives : il appartient à la raison de poser les règles de la morale naturelle.

I. — L'entendement spéculatif n'ordonne ce qu'il saisit qu'à la seule considération de la vérité ; l'entendement pratique ordonne à l'action ce qu'il saisit comme vrai. Ce ne sont pas deux puissances différentes, car l'une et l'autre ont pour objet la vérité : la direction vers l'opération pratique est un caractère qui ne change pas l'essence de l'acte intellectuel (1).

(1) Intellectus practicus et speculativus non sunt diversæ potentiæ.. Accidit autem alicui apprehenso per intellectum quod ordinetur ad opus, vel non ordinetur. Secundum hoc autem differunt intellectus speculativus et practicus : nam intellectus

Les procédés d'investigation sont semblables dans les deux cas. Comme la raison spéculative raisonne sur les vérités considérées en elles-mêmes, la raison pratique raisonne sur les vérités dans leur application à l'action. Aussi, de même qu'il y a pour la spéculation des principes évidents par eux-mêmes, connus de suite par la connaissance de leurs termes, de même il y a des principes connus par eux-mêmes pour la pratique (1).

La disposition qu'a l'intelligence pratique pour ses propres principes est une disposition acquise naturellement, comme la disposition aux principes spéculatifs : c'est une disposition naturelle, parce qu'elle est fondée sur la nature de l'esprit humain (2), mais il faut qu'une première notion se forme dans l'entendement pour que la capacité vide, donnée par la nature, de-

speculativus est qui quod apprehendit non ordinat ad opus, sed ad solam veritatis considerationem ; practicus vero intellectus dicitur qui hoc quod apprehendit, ordinat ad opus (I, q. LXXIX, a. 11).

(1) Sicut ratio speculativa ratiocinatur de speculativis, ita ratio practica ratiocinatur de operabilibus. Oportet igitur naturaliter nobis esse indita sicut principia speculabilium, ita et principia operabilium (I, q. LXXIX, a. 12).

(2) Principia operabilium nobis naturaliter indita non pertinent ad specialem potentiam, sed ad specialem habitum naturalem, quem dicimus synderesim (I, q. LXXIX, a. 12).

vienne une aptitude positive, une possession habituelle des principes de conduite.

Il faut remarquer que saint Thomas attribue à l'entendement, à la raison, ce qu'on appellerait aujourd'hui la *conscience morale*. Pour lui, la conscience est proprement l'application actuelle de la disposition habituelle que l'entendement pratique a pour les principes de la vie active. La raison, s'appuyant sur ces principes, juge que telle action est à faire ou à ne pas faire, approuve ou blâme, excuse ou accuse, intérieurement, selon que l'âme connait avoir agi conformément ou contrairement au devoir : ce sont là des actes, et des actes intellectuels, puisque ce sont des jugements (1).

Nous aurons à revenir sur cette théorie morale, quand nous traiterons des *vertus naturelles* et de la *loi naturelle*. Mais, dès à présent, il convient de jeter un coup d'œil sur la base même des principes pratiques de la raison.

Y a-t-il un premier principe, appelé à diriger toute la vie pratique, comme il y a un premier

(1) Dicitur enim conscientia testificari, ligare vel instigare, vel etiam accusare, vel etiam remordere, sive reprehendere.. Patet autem quod omnia hæc consequuntur actualem applicationem scientiæ ad ea quæ agimus : unde, proprie loquendo, conscientia nominat actum (I, q. LXXIX, a. 13).

principe, le principe d'identité, directeur de toute la vie spéculative ?

Oui, et, d'après saint Thomas, le premier principe pratique est fondé sur la notion du bien comme le premier principe spéculatif sur la notion de l'être (1) : dans chacune des deux sphères où se développe l'entendement humain, est, comme point central, une idée très simple, origine de tout le rayonnement rationnel, l'idée de l'être, pour la considération de la vérité en elle-même, l'idée du bien, pour l'application de la vérité à l'action.

Au fond, à ces deux idées élémentaires correspond une même réalité, aperçue sous deux aspects distincts : l'être, c'est l'actualité; le bien, c'est la convenance, une certaine perfection due à ce qui existe ou à ce qui peut exister (2). En se définissant à elle-même le bien sous la formule

(1) Sicut autem ens est primum quod cadit in apprehensione simpliciter, ita bonum est primum quod cadit in apprehensione practicæ rationis, quæ ordinatur ad opus. Omne enim agens agit propter finem, qui habet rationem boni. Et ideo primum principium in ratione practica est quod fundatur supra rationem boni ; quæ est : *Bonum est quod omnia appetunt.* Hoc est ergo primum præceptum legis, quod *bonum est faciendum et prosequendum, et malum vitandum* ; et super hoc fundantur omnia alia præcepta legis naturæ (I-II, q. xciv, a. 2).

(2) Bonum et ens sunt idem secundum rem ; sed bonum dicit rationem appetibilis, quam non dicit ens (I, q. v, a. 1).

aristotélicienne : « Ce vers quoi tendent toutes choses », l'intelligence pratique comprend que ce but de tendance est un complément approprié au sujet, que c'est de l'être achevant l'être. C'est par ce rapport de convenance que le simple fait d'aspirer à la perfection révèle le premier principe régulateur de l'action : « Il faut poursuivre le bien, faire le bien ». Et, comme le mal est la privation d'un bien dû, évidemment il doit être fui, évité, puisque le bien doit être recherché. Ainsi se construit devant la raison pratique tout le premier principe qui lui appartient : « Il faut faire le bien et éviter le mal ».

De même que l'entendement spéculatif voit une nécessité d'affirmer le vrai, parce que le vrai c'est l'être identique à lui-même, de même l'entendement pratique voit une obligation de tendre au bien, parce que le bien c'est la perfection due à l'être. L'*ordre*, dans le sens de convenance, conduit ainsi à l'*ordre*, dans le sens de commandement.

II. — Le fondement de l'obligation morale est donc dans l'harmonie essentielle des choses, saisie par l'intuition de l'entendement humain. Sans doute, cette harmonie suppose un premier Être parfait, source et modèle de toute perfection, de tout bien comme de tout être. Sans doute, aussi, notre âme a besoin d'être naturellement éclairée par la lumière divine pour discerner le bien du mal, comme le vrai du faux, pour concevoir l'obligation de bien faire qui s'impose à toute volonté libre, comme la nécessité d'adhérer à l'évidence d'une vérité manifeste(1). Mais ce n'en est pas moins notre entendement lui-même qui pose le premier principe de la spéculation ainsi que le premier principe de la pratique, qui les proclame l'un et l'autre comme des axiomes connus par la connaissance même des idées simples qui en sont le noyau, l'idée de l'être et l'idée du bien.

Cette doctrine de saint Thomas mérite la plus grande attention. Il y a donc une morale naturelle, dont la raison humaine trace les règles, comme il y a une science naturelle, dont la raison de l'homme découvre les données principales. La loi naturelle, à laquelle nous avons cons-

---

(1) In *Psalm.* iv, 6, dicitur : *Multi dicunt : Quis ostendit nobis bona ? Signatum est super nos lumen vultus tui, Domine ;* quasi diceret : Lumen rationis, quod in nobis est, in tantum potest nobis ostendere bona et nostram voluntatem regulare, in quantum est lumen vultus tui, id est, a vultu tuo derivatum (I-II, q.xix, a. 4).

cience d'être obligatoirement soumis pour la conduite de notre liberté, nous est révélée par la même lumière intellectuelle qui fait luire toute vérité spéculative aux regards de notre entendement. L'action vertueuse nous est commandée par notre raison, qui prononce son impératif parce qu'elle voit que cet ordre doit être intimé et que nous devons y obéir (1).

Aussi peut-on dire que ce n'est pas dans la volonté divine qu'est la racine profonde de l'obligation morale. Elle est plutôt dans la raison divine, ou dans l'essence même des choses représentée d'abord dans l'intelligence essentielle de Dieu, puis par participation dans la raison humaine. Dieu commande le bien à l'homme parce qu'il est éternellement raisonnable de bien faire, et que lui-même est la raison éternelle. L'homme se commande le bien à lui-même parce que sa raison, créée à l'image de l'éternelle raison, lui montre le bien comme obligatoire.

Cependant il est vrai que l'homme religieux fait le bien ordonné par Dieu parce que Dieu l'ordonne. Mais, même alors, il obéit parce qu'il

---

(1) Dictat enim hoc naturaliter unicuique propria ratio ut virtuose agat (I-II, q. xciv, a. 3).

voit par sa raison qu'il faut obéir à Dieu, qui est la Justice, la Sagesse même, et le Maître souverain de tout ce qui existe. Comme la raison commande que tout, dans l'homme, soit soumis à sa propre raison, elle commande aussi que tout l'homme soit soumis à la raison première et éternelle, qui est Dieu (1).

Cette réduction de l'obligation morale à la lumière rationnelle explique à la fois un certain fonds commun de moralité chez tous les peuples, et en même temps les divergences étranges, les déviations monstrueuses du jugement moral chez quelques hommes, même chez quelques nations. Le regard de la raison pratique est aussi sujet à se troubler que celui de la raison spéculative. Il ne suffit pas, pour bien agir, de reconnaître comme évident le principe élémentaire : « Il faut faire le bien et éviter le mal »; pas plus qu'il ne suffit, pour penser juste, d'adhérer au principe de contradiction : « Il faut affirmer le vrai et nier le faux ». La difficulté est de savoir exacte-

---

(1) Adimpletio mandatorum legis, etiam quæ sunt de actibus aliarum virtutum, habet rationem justificationis, inquantum justum est ut homo obediat Deo, vel etiam inquantum justum est quod omnia quæ sun hominis rationi subdantur (I-II, q. c, a. 2, ad 1).

ment ce qui est bien, ce qui est mal, comme de savoir ce qui est vrai et ce qui est faux. A ce point, les consciences et les esprits se divisent, et il n'est peut-être pas de crime qui ne puisse passer pour acte de vertu, comme les plus fausses théories peuvent passer pour vérités certaines. L'homme, cependant, est naturellement raisonnable, tant pour se diriger moralement que pour conquérir la science ; mais il peut se tromper sur le devoir comme dans l'ordre de la simple pensée.

VIII

LE RAISONNEMENT

VIII

LE RAISONNEMENT

INTRODUCTION

La raison découvre la vérité par un double raisonnement : par la déduction, elle va du général au particulier ; par l'induction, du particulier au général.

Le raisonnement, dans son acception générale, est le mouvement de la raison à la découverte de la vérité.

L'argumentation est l'expression du raisonnement, comme la proposition est l'expression du jugement, comme le mot est l'expression du concept simple, de l'idée. Voici la définition qu'en donne saint Thomas : « L'argumentation est une *oraison* qui exprime le mouvement discursif de la raison d'une chose connue à une chose inconnue, ou d'une chose plus connue à une chose moins connue » (1).

Or, nous avons des connaissances générales et des connaissances particulières. De là deux directions inverses, dans la marche de notre raison ; nous allons, tantôt du général au particulier, au singulier, à l'individuel ; tantôt de l'individuel, du particulier au général.

La première direction donne le raisonnement par déduction, sorte de descente d'un sommet lumineux vers une région inférieure qu'il éclaire. La seconde forme le raisonnement par induction, sorte d'ascension d'une région plus basse à un sommet d'où se répand la lumière.

Mais vous me direz : « Comment admettre cette ascension, qui paraît bien un mouvement du moins au plus ? Comment du particulier peut-on conclure le général » ? Question délicate et importante, à laquelle il nous faudra répondre.

Nous traiterons d'abord de la déduction, course rationnelle du général au particulier ; puis de l'induction, par laquelle la raison s'élève du particulier au général.

(1) Est autem argumentatio oratio significativa discursus rationis ab uno cognito ad aliud incognitum, vel a magis cognito ad minus cognitum (Opusc. *Logicæ summa,* tract. VIII, cap. 1).

I

LA DÉDUCTION.

I. — D'où la déduction tire-t-elle sa force démonstrative ? — La généralité dont elle affirme ou nie un caractère, n'est pas une totalité dont fasse simplement partie le sujet particulier auquel la conclusion attribue ou refuse le même caractère ; c'est un universel abstrait qui se réalise en ce sujet particulier.
II. — L'universel sert de terme moyen dans le raisonnement déductif. — Ce raisonnement engendre une connaissance nouvelle.

I. — Sans entrer dans le détail des argumentations ni analyser toutes les finesses de la logique, je voudrais considérer attentivement ce qui fait la force intime du raisonnement par déduction, dans ses applications principales.

Ce n'est pas par un procédé purement mécanique que la raison s'avance vers la vérité et s'y arrête : il doit y avoir une explication objective de ses démarches. Si donc, par la déduction, elle va du général au particulier, qu'est-ce qui légitime ce mouvement ? Qu'est-ce qui assure, dans cette voie, les pas de la raison, et lui garantit qu'elle atteindra le but ?

Sa station première est-elle le principe tout à fait élémentaire : ce qui est, est ; ou, sous la forme de la contradiction : ce qui est ne peut à la fois être et ne pas être sous le même rapport ?

Mais d'un principe aussi vide comment tirer quoi que ce soit de particulier ? Cet axiome abstrait est tellement universel qu'il convient à tout, mais ne peut rien nous donner de particulièrement précis, si nous n'y ajoutons quelque donnée plus riche, quelque vérité plus compréhensive.

Il faut, pour fonder une science, trouver des principes qui lui soient propres, qui s'appliquent à ses propres objets, qui ne s'étendent pas à toute connaissance, mais qui contiennent des éléments spéciaux.

Chaque science a ses principes. Ceux des sciences de la nature sont obtenus par généralisation de l'observation et de l'expérience ; nous analyserons ce procédé en traitant de l'induction.

A titre d'exemple, je citerai ici le principe d'Archimède, qui, en physique, a conservé le nom de principe. Dans les sciences abstraites, les principes sont formés par développement des définitions ou par des démonstrations précédentes.

Voici, par exemple, des principes géométriques : « Entre deux points on ne peut mener qu'une ligne droite. — Dans le cercle tous les rayons sont égaux ». Ils sont la conséquence des définitions. On emploie souvent en mathématiques ces principes fort simples : « Deux quantités, égales à une troisième, sont égales entre elles. — Si de deux quantités égales on retranche la même quantité, si on y ajoute la même quantité, l'égalité persiste ». En métaphysique, les principes suivants: « Du néant rien ne vient: *ex nihilo nihil*; — Tout effet est proportionné à sa cause », servent de base à des démonstrations importantes.

Prenons un exemple très élémentaire de raisonnement par déduction. Si l'on pose ce principe : « L'homme, comme tout être vivant de ce monde, est mortel », par quelle nécessité rationnelle, par quel enchaînement d'idées, peut-on affirmer que tels hommes individuels, Paul, Pierre, vous et moi, nous mourrons? Serait-ce parce qu'on a déjà constaté ou prouvé que tous les hommes, pris individuellement, sont mortels ? et que dire : « Tels et tels hommes mourront », c'est répéter pour quelques-uns ce qu'on avait déjà dit pour tous sans exception ?

Il est manifeste qu'on n'a ni constaté ni prouvé la mortalité pour tous les hommes, individuellement comptés.

Ce n'est donc pas par une simple répétition limitée à quelques-uns, que l'on dit avec certitude, de ces quelques-uns, ce qu'on aurait déjà dit de tous considérés individuellement, sans en excepter aucun. La déduction a une tout autre portée qu'une pure tautologie qui serait basée d'une manière si élémentaire sur le principe d'identité. Je parle d'une déduction vraiment scientifique et démonstrative, et non pas d'un simple jeu de logique.

Il est vrai qu'Aristote donne la règle suivante comme le fondement même du syllogisme parfait.

« Une chose être dans une autre tout entière et affirmer une chose de toute une autre chose, c'est identique. Or, nous disons qu'on affirme de tout, lorsqu'on ne peut prendre quoi que ce soit de ce qui est du sujet sans qu'on en affirme l'autre terme ; et il en est de même lorsqu'on nie de tout » (1).

Saint Thomas dit de son côté : « *Être dit de tout*, c'est quand sous le sujet rien ne peut être pris dont on ne dise l'attribut ; *être dit d'aucun*, c'est quand sous le sujet rien ne peut être pris d'où l'attribut ne soit écarté » (2).

De là cette formule raccourcie pour indiquer le syllogisme : *Dici de omni, dici de nullo*. C'est-à-dire : un raisonnement par lequel on affirme de tout, ou bien on n'affirme n'être dans aucun. Que signifie donc *de omni* dans cette formule ? S'agit-il d'une totalité, d'une quantité intégrale, comme paraît le dire Aristote dans le passage que nous venons de citer. Nous retournerions alors à l'argumentation trop naïve que nous avons rejetée. Je persiste à penser que la déduction a une plus haute valeur.

Sans doute, avant d'appliquer à tel ou tel individu en particulier ce que l'on dit de l'espèce ou du genre, on a en vue l'extension de l'espèce

---

(1) *Premiers Analytiques*, I, ɪ (7), Firmin-Didot.
(2) Est autem « dici de omni » quando nihil est sumere sub subjecto, de quo non dicatur prædicatum ; « dici vero de nullo » est quando nihil est sumere sub subjecto, a quo non removeatur prædicatum (Opusc. *Logicæ summa*, VIII, ɪ).

ou du genre à tous les individus en lesquels ils se divisent. Mais cette considération est précédée de la pensée de l'espèce ou du genre à l'état d'universel absolu, et non pas de totalité.

C'est parce que je conçois l'homme comme un universel, que je dis : «L'homme est mortel»; et non pas parce que « l'homme » représente la totalité des hommes, signifie tous les hommes. Après avoir envisagé cet universel directement sous sa forme absolue et première, je le développe par ce que saint Thomas appelle *l'intention d'universalité, intentio universalitatis ;* mais je l'ai vu d'abord comme susceptible en soi d'être développé, je l'ai aperçu comme chose une et identique, apte à se trouver dans plusieurs, dans tous.

Nous voilà ramenés à la formation de l'universel dans l'intelligence humaine et à la portée naturelle de cet universel. C'est qu'en effet le raisonnement par déduction est fondé sur cette base même : il tient sa force et sa valeur de l'acte intellectuel par excellence. S'il en était autrement, comme on ne peut pas compter tous les singuliers, ni vérifier en chacun l'existence du caractère général, la déduction porterait à faux : si le principe qui lui sert de point d'appui, n'était pas le produit d'une généralisation vraiment intellectuelle, de l'extension à toute une classe d'êtres d'une nature primitivement conçue comme absolue, il ne pourrait exprimer qu'une collection sensible, plus ou moins nombreuse, mais toujours limitée, et serait trop étroit pour un raisonnement qui veut pouvoir atteindre des individualités quelconques.

« Ce n'est pas des singuliers qui sont dans le sens, dit fort bien saint Thomas, que peuvent venir des démonstrations ; mais seulement des universaux qui sont dans l'entendement ». (1)

La proposition : « L'homme est mortel », signifie donc que le genre « homme » comprend l'attribut de la mortalité, le caractère général « mortel ». La forme absolue, et par suite universelle, qu'a le concept dans le jugement que cette proposition exprime, c'est l'entendement qui la lui donne ; c'est l'intelligence, par conséquent, qui confère au principe sa capacité de soutenir le raisonnement. De ce que la nature de l'homme est conçue intellectuellement comme sujette

---

(1) Ex singularibus autem quæ sunt in sensu, non sunt demonstrationes ; sed ex universalibus tantum quæ sunt in intellectu (in I *Posterior. Analyt.*, lect. III).

à la mort, je conclus que tel ou tel être individuel doué de cette nature est certainement mortel.

Aussi Aristote prend-il occasion de la théorie du syllogisme pour combattre de nouveau l'hypothèse chimérique de Platon, qui rêvait des unités universelles comme réellement existantes en dehors des êtres singuliers, parce qu'il les croyait nécessaires pour communiquer par participation l'universalité et la nécessité aux concepts, aux jugements et aux raisonnements humains.

« Qu'il existe des *idées* ou quelque réalité une en dehors des choses qui sont plusieurs, cela n'est pas nécessaire pour qu'il y ait démonstration. Mais, à vrai dire, il faut qu'il y ait unité par rapport à plusieurs ; car il n'y aurait pas d'universel, s'il n'en était ainsi ; et s'il n'y avait pas d'universel, il n'y aurait pas de terme moyen, et par suite point de démonstration. Il faut donc qu'il y ait de l'un et du même à l'égard de plusieurs et d'une façon non équivoque » (1).

Tel est aussi l'avis de saint Thomas : il y a,

---

(1) *Seconds Analytiques*, I, xi (1), F. D.

pense-t-il, une réelle unité de nature dans les individualités d'une même espèce ; mais en chaque individu la nature est individualisée, et ce n'est que dans l'intelligence qu'elle prend, par abstraction, une forme absolue et universelle. Cette universalité abstraite suffit pour donner force et certitude à la déduction, parce qu'elle représente l'unité de nature qui est dans les individus (1).

II. — Le nœud du raisonnement déductif consiste dans l'universel qui sert de moyen terme. Dans la proposition : « L'homme est mortel », c'est l'universel « homme » qui sert de terme moyen pour prouver que tel individu, Pierre, par exemple, a le caractère exprimé par le terme « mortel ». Comme le dit Taine, « l'intermédiaire explicatif qui relie à l'objet individuel la propriété énoncée, est le premier terme d'une loi générale : si Pierre est mortel, c'est qu'il

---

(1) Ipsa enim natura habet esse in intellectu abstractum ab omnibus individuantibus, et habet rationem uniformem ad omnia individua quæ sunt extra animam, prout essentialiter est imago omnium et inducens in cognitionem omnium inquantum sunt homines ; et ex hoc quod talem relationem habet ad omnia individua, intellectus adinvenit rationem speciei (Opusc. de Ente et Essentia, cap. IV).

est homme et que tout homme est mortel » (1).

C'est à trouver cet intermédiaire que s'applique l'invention qui prépare le raisonnement. Ainsi, en géométrie, quand on veut démontrer un théorème, le principal est ordinairement d'imaginer une construction qui relie la proposition dont il s'agit à une autre déjà connue. Si l'on découvre que telle figure peut être considérée comme un composé de triangles, une propriété du triangle pourra conduire à la conclusion.

Prenez, par exemple, ce théorème : « La somme de tous les angles d'un polygone est égale à autant de fois deux angles droits qu'il a de côtés moins deux ». Le travail de la démonstration sera surtout dans l'invention d'une construction qui mette en évidence un terme moyen. Supposez un polygone à six côtés et à six angles, un hexagone. On prend, vous le savez, un point à l'intérieur de cet hexagone ; de ce point on trace des droites au sommet de tous les angles. C'est le génie du géomètre, d'analyser ainsi le polygone et de voir qu'il est possible d'y former autant de triangles qu'il a de côtés. Cela fait, il

(1) TAINE, *de l'Intelligence*, tom. II, page 392.

est facile de remarquer que la somme de tous les angles de l'hexagone est égale à celle de tous les angles des triangles construits avec ses côtés moins la somme des angles qui ont pour sommet commun le point pris à l'intérieur. Or, dans chaque triangle, la somme des trois angles est égale à deux angles droits ; d'autre part, la somme des angles tout autour d'un même somme est égale à quatre angles droit, c'est-à-dire à la somme des angles de deux triangles. Et, comme on a pu construire autant de triangles que l'hexagone a de côtés, il s'ensuit que la somme des angles de l'hexagone, est égale à autant de fois deux angles droits qu'il a de côtés, moins quatre angles droits, c'est-à-dire soustraction faite de deux côtés, puisque deux côtés correspondent à deux triangles, c'est-à-dire à quatre angles droits. La même construction est applicable à tout polygone ; le théorème, dans sa généralité, est donc démontré ; et c'est l'assimilation du polygone à une collection de triangles qui a été l'intermédiaire de l'argumentation.

On le voit, il se fait dans la déduction une véritable génération de connaissance, dont l'instrument est une notion universelle. Le jugement général, constitué avec cette notion, contient en puissance la conclusion ; mais il faut une opération de la raison pour dégager du principe la conséquence. Les principes sont des vérités productrices de vérités nouvelles ; en eux les conséquences n'existent que virtuellement, comme les effets dans les causes, et, comme le déploiement d'une activité fait quelque chose qui n'était pas, le développement du principe en conclusion enrichit l'intelligence d'une connaissance distincte, qu'elle n'avait qu'implicitement (1).

Savoir les principes ne suffit donc pas pour avoir une science complète : de même qu'il serait sans grande valeur de s'en tenir aux axiomes tout primitifs d'identité et de raison suffisante, et qu'il convient d'acquérir par eux un capital

---

(1) Principia autem se habent ad conclusiones in demonstrativis sicut causæ activæ in naturalibus ad suos effectus : unde in II *Physic.* propositiones syllogismi ponuntur in genere causæ efficientis. Effectus autem, antequam producatur in actu, præexistit quidem in causis activis virtute, non autem actu, quod est simpliciter esse. Et similiter, antequam ex principiis demonstrativis deducatur conclusio, in ipsis principiis quidem præcognitis præcognoscitur conclusio virtute, non tamen actu : sic enim in eis præexistit. Et sic patet quod non præcognoscitur simpliciter, sed secundum quid est (in *Post. Analyt.*, lect. II).

de principes plus particuliers, de même ce serait une science trop sommaire de se contenter de principes, même bien appropriés aux réalités diverses, et de ne pas les faire fructifier en conséquences dont ils sont le germe naturel.

II

L'INDUCTION

I. — Légitimité de l'induction, par laquelle la raison va du particulier au général. Description du procédé inductif : il se justifie par la spontanéité et les principes fondamentaux de l'entendement.
II. — Le sens saisit à sa manière l'universel : explication, d'après saint Thomas, de cette assertion d'Aristote.

I. — Il nous reste à voir comment la raison va du particulier au général par le procédé appelé induction.

Tout d'abord, se pose une question grave, que j'ai déjà indiquée au début de cette leçon et à laquelle le moment est venu de répondre. Comment peut-on passer légitimement du particulier au général ? Ne serait-ce pas tirer le plus du moins, faire jaillir de certaines données plus qu'elles ne contiennent ?

Je dis que ce problème est grave, car de sa solution dépend la certitude de toutes les lois générales que les sciences de la nature prétendent conclure de l'observation et de l'expérience. Quand un physicien, un chimiste, un naturaliste affirment une telle loi, ils n'ont évidemment pas observé ni expérimenté qu'elle régit tous les faits particuliers qui peuvent se présenter. De quelques phénomènes seulement ils induisent une loi, qu'ils donnent néanmoins comme la règle de toute une classe de phénomènes. Ont-ils le droit de le faire ? S'ils ne l'ont pas, toutes les sciences de la nature s'écroulent. S'ils l'ont, comment se justifie-t-il ?

Dans ses *Premiers Analytiques*, Aristote mentionne un moyen infaillible pour aller du singulier au général, c'est de vérifier l'existence dans chaque singulier, sans exception, du caractère que l'on affirme de tous. Voici l'exemple qu'il propose : si l'on a constaté chez chacun des animaux qui n'ont pas de fiel, tels que l'homme, le cheval, le mulet, qu'ils vivent longtemps, on pourra affirmer généralement : « Les animaux qui n'ont pas de fiel, vivent longtemps ».

Aristote ajoute cette règle de l'induction : « Il faut considérer que le terme collectif comprend tous les singuliers : car l'induction se fait par tous » (1).

Si c'est là l'induction scientifique, il faut avouer qu'elle est puérile et ne peut être d'une grande utilité pour la science ; comment, en effet, pourra-t-on jamais examiner tous les singuliers ?

Heureusement Aristote paraît attribuer, ailleurs, une autre portée à l'induction. Dans le texte que je viens de citer, il semble avoir voulu montrer qu'en toute rigueur de simple logique, on ne peut affirmer de la totalité que ce qui est dans chacun des singuliers. Mais il y a une autre manière d'entendre l'induction, c'est de la rattacher à la première opération de l'entendement, à la transformation même de la connaissance sensible en connaissance intellectuelle. C'est ce que fait Aristote dans les textes que voici :

« Il est évident, dit-il dans les *Seconds Analytiques*, que, si quelque sens manque, il est nécessaire que quelque science manque aussi ; car il est impossible de l'acquérir : en effet, nous apprenons ou par induction ou par démonstration.

(1) *Premiers Analytiques*, II, xxv (4), Firmin-Didot.

Or, la démonstration est par les universaux, et l'induction par les singuliers ; et il est impossible de voir les universaux si ce n'est au moyen de l'induction : car même ce qui se dit par pure abstraction est fait objet de connaissance par l'induction, parce qu'en chaque genre sont certaines particularités, qui ne peuvent être séparées, mais par lesquelles chaque chose individuelle est déterminée. Il est donc impossible que ceux qui n'ont pas un sens soient instruits sous le rapport de ce sens par induction. Le sens, en effet, s'applique aux choses singulières ; car l'on ne peut acquérir science de ces choses singulières ; et l'on ne peut savoir par les universaux sans induction, ni au moyen de l'induction sans le sens » (1).

Et dans l'*Ethique à Nicomaque* : « L'induction est le commencement, et elle est de l'universel ; le syllogisme, au contraire, part de l'universel. Il y a donc des principes qui sont le point de départ du syllogisme, et dont il n'y a pas de syllogisme : tel est l'objet de l'induction » (2).

---

(1) *Seconds Analytiques*, I, xviii, F. D.
(2) *Eth. Nicom.*, VI, iii (3), F. D.

Le rôle de l'induction serait donc de former des principes universels, sur lesquels s'appuient les déductions des syllogismes. Et, pour s'élever à ces principes, l'induction aurait besoin des sens, qui prennent connaissance des choses individuelles : elle opérerait donc par généralisation de l'observation sensible, pour composer des jugements universels, base solide du raisonnement déductif.

Mais comment construire un jugement universel avec des observations individuelles, forcément limitées ? Le résultat ne dépasse-t-il pas infiniment la puissance des moyens employés ? C'est le point délicat.

A la fin des *Seconds Analytiques*, Aristote examine la formation des principes par l'induction. Voici comment il résout le problème :

« De la sensation naît la mémoire. De la mémoire souvent répétée de la même chose, se fait l'expérience ; car plusieurs souvenirs en nombre font une seule expérience. De l'expérience, ou de tout reposant dans l'âme comme l'universel, comme l'un distinct des choses qui sont plusieurs, qui est un et le même dans toutes ces choses singulières, vient le principe de l'art et de la science, de l'art relativement à la production, de la science par rapport à l'être. Ces dispositions n'existent donc pas en nous isolément, et elles ne viennent pas d'autres dispositions plus connues, mais de la sensation. Comme, dans un combat, une troupe, étant mise en fuite, lorsque l'un s'arrête, un autre s'arrête, puis un autre, jusqu'à ce qu'on en vienne au commencement. Et l'âme est telle qu'elle peut éprouver cela » (1).

La comparaison est saisissante : les observations, conservées par la mémoire, se succèdent, viennent les unes après les autres, en un certain nombre, jusqu'au moment où l'esprit juge que la loi est établie par l'expérience ; alors, il s'arrête, la dernière observation fixe le jugement, parce que dès lors se fixe dans l'intelligence toute la série des constatations successives, apparaissant comme soumise à une règle constante et universelle.

Et, si cela se fait ainsi, c'est que l'âme a dans sa nature ce qu'il faut pour cette immobilisation de l'expérience en une loi générale.

Aristote, au début de sa *Métaphysique*, décrit sommairement cette génération de la science et

(1) *Seconds Analytiques*, II, xv (5, 6), F.D.

de l'art, au moyen de l'expérience (1). Il cite l'exemple d'un médecin qui fait l'essai d'une plante médicinale à plusieurs malades, à Callias, à Socrate, à beaucoup d'autres. Supposez donc une plante employée en un grand nombre de cas semblables pour essayer de guérir la fièvre. Après avoir fait l'application de ce médicament à un certain nombre de malades individuels, il arrive un moment, comme le montre saint Thomas, où le médecin, frappé de la similitude qu'il se rappelle avoir remarquée dans cette série d'expériences, forme dans son intelligence, à l'état de repos, en pleine paix, la conception d'un genre, et la conviction tranquille que telle sorte de plante est de nature à guérir telle maladie (2).

Ce procédé met en œuvre deux ordres de fa-

---

(1) *Metaph.*, I, 1 (4, 5), F.D.

(2) Puta, quum talis recordatur quod talis herba multoties sanavit multos a febre, dicitur esse experimentum quod talis sit sanativa febris. Ratio autem non sistit in experimento particularium; sed ex multis particularibus in quibus expertus est, accipit unum commune quod firmatur in anima, et considerat illud absque consideratione alicujus singularium, et hoc accipit ut principium artis et scientiæ... Quod quidem universale dicitur esse quiescens in anima, inquantum scilicet consideratur præter singularia in quibus est motus (in II *Post. Analyt.*, lect. xx).

cultés : les observations de phénomènes singuliers sont faites et élaborées d'abord par des puissances sensitives, et dans ce premier stade conservent le caractère de l'individualité plus ou moins multipliée ; puis, intervient l'activité proprement intellectuelle, pour illuminer l'expérience sensible et produire dans l'esprit le jugement calme et ferme qui pose la loi. C'est donc l'entendement qui se fait à lui-même l'universel, en fixant en unité abstraite, absolument générale, la similitude que les sens ont recueillie dans la perception des choses individuelles (1).

L'induction, ainsi expliquée, est-elle infaillible ? N'est-elle pas, au contraire, sujette à donner comme universel un caractère qui ne serait que fréquemment répété, sans se trouver réellement dans tous les individus, sans exception.

(1) Posset autem aliquis credere quod solus sensus vel memoria singularium sufficiat ad causandum intelligibilem cognitionem, sicut posuerunt quidam antiqui non discernentes inter sensum et intellectum ; et ideo ad hoc excludendum Philosophus subdit quod cum sensu oportet præsupponere talem naturam animæ quæ possit, id est sit susceptiva cognitionis universalis ; quod quidem fit per intellectum possibilem ; et iterum quod possit agere hoc per intellectum agentem, qui facit intelligibilia in actu per abstractionem universalium a singularibus (in II *Post. Analyt.*, lect. xx).

Si la valeur de l'induction venait tout entière de la répétition de cas semblables, en un certain nombre, quelle que fût la quantité des faits observés, il resterait un abîme entre cette multiplicité, toujours limitée, et l'universalité absolue de la loi : l'expérience demeurerait dans l'étroitesse du particulier. Mais, dès que la spontanéité de l'entendement est en jeu, un tout autre champ de connaissance apparaît (1). C'est la nature de l'objet qui est considérée : selon les conditions de l'être, conçues avec évidence par l'esprit, cette nature doit être identique à elle-même et contenir une raison suffisante de ses manifestations. Voilà la base solide de la loi : elle réside dans les principes les plus fondamentaux de la raison. Si toutes les précautions raisonnables ont été prises pour que les phénomènes constatés puissent être à bon droit attribués à la

---

(1) Quia potentiam recte et faciliter operandi præbet experimentum, videtur fere simile arti et scientiæ. Est enim similitudo eo quod utrobique ex multis una acceptio alicujus rei sumitur. Dissimilitudo autem, quia per artem accipiuntur universalia, per experimentum singularia ... Nam, sicut ex memoriis fit una experimentalis scientia, ita ex multis experimentis apprehensis fit universalis acceptio de omnibus similibus. Unde plus habet hoc ars quam experimentum : quia experimentum tantum circa singularia versatur, ars autem circa universalia (in 1 *Metaphys.*, lect. II).

chose expérimentée et à elle seule, dans les circonstances données ; comme ces faits se sont présentés toujours les mêmes, ils s'expliquent par une raison unique et constante, et, comme ils dépendent de la chose, c'est celle-ci qui doit posséder la raison explicative. Or, ce qui est identique et constant dans la chose, appartient à sa nature, telle que l'intelligence la conçoit : donc la nature de l'objet, caractérisée sous forme absolue et universelle, est le fruit légitime de l'induction rationnelle.

Il est vrai que pratiquement la méthode inductive peut causer des illusions et faire considérer comme tout à fait générale une qualité seulement accidentelle. Mais il est vrai, aussi, que l'homme doué de la perspicacité scientifique est capable de saisir, parmi les phénomènes semblables que lui présente l'expérience, ceux qui sont vindicatifs de nature, et de les distinguer de ceux qui sont dus à quelque circonstance particulière. Quelquefois même, une seule coïncidence peut être un fait assez *significatif* pour révéler une loi naturelle. On raconte que l'abbé Haüy laissa accidentellement tomber un morceau de quartz et, en observant la cassure, devina sur le champ que le quartz est un cristal disposé suivant une loi géométrique constante. Le contraste entre le hasard de la chute qui avait brisé le cristal et la régularité géométrique de la cassure lui avait suffi pour affirmer l'existence d'une loi de nature : c'est une application du principe de raison suffisante.

II. — Aristote complète son explication sur la formation de l'universel par une théorie sommaire sur la portée de la sensation, mais cette théorie, affirmée en deux mots plutôt que démontrée, a paru obscurcir la question plutôt que l'éclaircir, bien que l'auteur la présente comme un éclaircissement.

« Une seule chose, dit-il, se fixant par l'observation des semblables, c'est le premier universel dans l'âme. Car les sens perçoivent le singulier, mais la sensation est aussi de l'universel, par exemple de « homme », mais non de Callias homme. Ensuite, on s'arrête sur ces choses, jusqu'à ce que se fixent les indivisibles et les universaux, comme sur tel et tel animal jusqu'à animal ; et ainsi du reste. Il est donc manifeste qu'il nous faut l'induction pour connaître les principes ; car c'est ainsi que la sensation produit l'universel » (1).

Qu'a voulu dire Aristote par cette déclaration : « Les sens perçoivent le singulier, mais la sensation est aussi de l'universel » ? Saint Thomas explique ce texte par l'opération du sens appréciatif, auquel, chez l'homme, est attribuée une pensée d'ordre inférieur, préliminaire de la pensée vraiment universelle. Cette faculté « cogitative » prend déjà, à sa manière, une certaine connaissance de l'universel, mais sans pouvoir l'isoler des déterminations particulières : elle saisit dans les individus quelque chose de semblable et de permanent, elle les groupe au moyen de cette similitude, et, par la collection de ces individualités pareilles, unies sous un seul point de vue et néanmoins distinguées chacune à part, prépare la conception intellectuelle du genre ou de l'espèce unique, réalisable en une multitude indéfinie de sujets. Par exemple, les attributs propres à la nature humaine se rencontrent dans chaque homme : le sens appréciatif les remarque dans Callias aussi bien que dans Socrate et dans Platon ; *il se re-*

---

(1) *Seconds Analytiques*, II, xv (7), F. D.

présente ainsi un ensemble d'hommes, composé de cet homme qui est Callias, de cet autre qui est Socrate, de cet autre encore qui est Platon, et de tous les autres hommes qu'il pourrait connaître ; il ne dégage pas de cet ensemble une notion abstraite d'homme qu'il conçoive à part, en elle-même, représentation absolue d'un type susceptible d'être incarné en une infinité d'hommes possibles ; la génération de ce concept est réservée à l'entendement ; mais l'appréciation sensible ouvre la voie à cet acte supérieur, et saint Thomas est d'avis que sans ce travail préparatoire une transition nécessaire manquerait entre les sens et l'intelligence (1).

Voilà, je pense, la meilleure interprétation de cette proposition d'Aristote qui a embarrassé tant de commentateurs : « La sensation est aussi de l'universel ». L'explication est en harmonie

(1 Manifestum est enim quod singulare sentitur proprie et per se, sed tamen sensus est quodammodo et ipsius universalis. Cognoscit enim Calliam, non solum inquantum est Callias, sed etiam inquantum est hic homo, et similiter Socratem inquantum est hic homo. Et inde est quod, tali acceptione sensus præexistente, anima intellectiva potest considerare hominem in utroque. Si autem ita esset quod sensus apprehenderet solum id quod est particularitatis et nullo modo cum hoc apprehenderet universale in particulari, non esset possibile quod ex apprehensione sensus causaretur in nobis cognitio universalis (in II *Post. Analyt.*, lect. xx).

avec tout le système de la connaissance humaine que nous avons développé, elle fait à l'ordre sensible et à l'ordre intellectuel la part qui convient à chacun, et elle les unit par une gradation ascendante de lumière.

Le concours de la perception sensible est nécessaire même pour la formation des principes mathématiques : quelque détachés qu'ils soient de toute matière corporelle par l'abstraction qui les sépare des réalités physiques, ils ont leur fondement dans les choses que perçoivent les sens, et c'est en celles-ci d'abord que nous prenons les premiers éléments de quantité, que notre esprit élève jusqu'aux lois des nombres, des lignes et des figures. Avant de concevoir, par exemple, l'axiome : le tout est plus grand que sa partie, nous avions connu par nos sens quelques touts composés de parties, et c'est par induction que nous avons constitué l'axiome. De même, nous ne sommes parvenus à saisir les propriétés primitives des figures géométriques qu'après avoir observé, dans la nature, des corps d'étendue limitée et de configuration sensible (1).

(1) Non autem manifestantur nobis principia abstractorum, ex quibus demonstrationes in eis procedunt, nisi ex particula-

Mais les principes et les vérités élémentaires, en mathématiques, ont une évidence rationnelle plus indépendante de l'expérience que dans les sciences physiques. C'est qu'alors notre intelligence voit la connexion absolue qui lie ses jugements aux quantités abstraites que nous construisons ou que nous composons mentalement. Ainsi, les triangles et les cercles abstraits que définit la géométrie, apparaissent clairement avec des caractères rigoureusement déterminés, dont l'universalité ne souffre aucune possibilité d'exception : la certitude ici est tout idéale, bien que les sens aient eu un rôle initial dans l'élaboration de ces concepts.

En définitive, l'induction a une mission capitale dans le raisonnement humain, puisqu'elle fait des notions universelles et des principes d'où procède la déduction ; et elle puise dans l'expérience sensible la première matière de son travail : les sens sont ainsi les auxiliaires indispensables de notre raison.

ribus aliquibus quæ sensu percipimus. Puta, ex hoc quod videmus aliquod totum singulare sensibile, inducimur ad cognoscendum quid est totum et pars, et cognoscimus quod omne totum est majus sua parte considerando hoc in pluribus. Sic igitur universalia, ex quibus demonstratio procedit, non sunt nobis nota nisi per inductionem (In I *Post. Analyt.*, lect. XXIX).

IX

CONSCIENCE ET MÉMOIRE

INTELLECTUELLES

IX

CONSCIENCE ET MÉMOIRE INTELLECTUELLES

INTRODUCTION

Connaissance, par l'intelligence, de l'intelligence elle-même et de l'âme intelligente. — Les actes intellectuels sont-ils connus par l'intelligence comme distribués dans les moments successifs du temps ?

Nous avons étudié les objets de la connaissance intellectuelle et les mouvements de la raison, soit pour acquérir des vérités principales, soit pour les développer en vérités plus particulières.

Mais cette intelligence humaine, qui connaît le vrai absolu, se connaît-elle elle-même ? Et comment se connaît-elle ?

L'intelligence connaît-elle aussi le fond substantiel de l'âme intelligente ? Ou bien l'essence de l'être qui pense en nous est-elle pour nous-mêmes dans une obscurité impénétrable ?

Et, si notre âme pensante se connaît elle-même, voit-elle par sa pensée ses actes intellectuels comme distribués dans le temps, passé, présent, avenir ? Cette vue du successif ne suppose-t-elle pas la perception d'objets singuliers, séparés les uns des autres par une individualité limitée ? Comment accorder cette mémoire et cette prévision singulières par l'intelligence avec le caractère absolu, éternel, des objets propres de l'entendement ?

Voilà les questions que je crois devoir examiner. Les réponses que nous donnera la philosophie de saint Thomas, ajouteront un heureux éclaircissement à la solution du problème mystérieux de notre nature.

Cette dernière leçon de cette année se divisera donc en deux parties : d'abord, conscience intellectuelle, ou connaissance de l'âme intelligente par elle-même ; enfin, mémoire intellectuelle, ou conservation des pensées dans l'intelligence et distribution dans le temps des actes intellectuels.

I

CONSCIENCE INTELLECTUELLE

I. — Comparaison entre la puissance réceptive de l'entendement et la matière première : malgré l'analogie entre ces deux potentialités, l'entendement est tout immatériel. — La potentialité de l'entendement réceptif et la tendance naturelle de l'entendement actif à se porter vers le sensible nous rendent impossible, dans la vie présente, la connaissance immédiate de notre entendement et de notre âme par leur essence.

II. — La même forme intelligible qui nous fait connaître une autre réalité, détermine notre entendement à connaître, par son acte, et l'entendement et l'âme intelligente. Mais ce n'est d'abord qu'une connaissance de fait. Pour acquérir la science de la nature de l'âme et de ses facultés, il faut une investigation rationnelle, éclairée par les premiers principes.

I. — Nous savons que la faculté pensante de l'entendement humain, celle qui conçoit et qui raisonne, n'est pas en acte par elle-même, mais qu'elle est par sa nature une simple capacité de devenir les intelligibles, selon la théorie d'Aristote.

Saint Thomas compare cette puissance à la matière première, pure potentialité, uniquement principe de devenir : le nom d'intellect *possible* exprime précisément cette potentialité de notre faculté de penser (1).

Sans doute, entre la matière première et l'intellect *possible* il n'y a qu'une analogie, et non une similitude parfaite. Comme la forme intelligible qui actualise la puissance réceptive de l'entendement humain est de tout autre nature que la forme substantielle de chose sensible qui actualise la matière première, les deux potentialités sont d'essences différentes, et il ne faudrait pas de leur analogie conclure que notre entendement est matériel.

La matière première n'est pas le premier principe de toute potentialité, comme Dieu est le premier principe de toute actualité. Dieu est aussi le premier principe de la potentialité, et celle-ci n'a de raison d'être que pour l'actualité qu'elle est appelée à recevoir : elle doit donc être proportionnée à cette actualité, et, si l'acte qu'elle attend est immatériel, la puissance réceptive doit être immatérielle aussi, c'est-à-dire

---

(1) Intellectus autem humanus se habet in genere rerum intelligibilium ut ens in potentia tantum, sicut et materia prima se habet in genere rerum sensibilium : unde possibilis nominatur (I, q. LXXXVII, a. 1).

reposer sur un fond de substance indépendant de la matière et participer à la *subsistance* propre de ce support substantiel. C'est ce qui arrive pour notre capacité intellectuelle : la forme intelligible qu'elle acquiert ne peut être matérielle, puisqu'elle représente les choses sous un aspect absolu et universel, dégagé par conséquent de l'individualité matérielle ; donc, la puissance qui reçoit cette forme est immatérielle, ainsi que l'âme à laquelle elle appartient (1).

Néanmoins, il faut maintenir que notre pouvoir d'intelligence est d'abord, et par nature, vide et indéterminé.

Il est vrai que notre entendement a une fa-

---

(1) Primus actus est universale principium omnium actuum ; quia est infinitum virtualiter, in se omnia præhabens, ut dicit Dionysius. Unde participatur a rebus, non sicut pars, secundum diffusionem processionis ipsius. Potentia autem, quum sit receptiva actus, oportet quod actui proportionetur. Actus vero recepti, qui procedunt a primo actu infinito et sicut quædam participationes ejus, sunt diversi. Unde non potest esse potentia una quæ recipiat omnes actus, sicut est unus actus influens omnes actus participatos ; alioquin potentia receptiva adæquaret potentiam activam primi actus. Est autem alia potentia receptiva in anima intellectiva a potentia receptiva materiæ primæ, ut patet ex diversitate receptorum ; nam materia prima recipit formas individuales, intellectus autem recipit formas absolutas. Unde talis potentia in anima intellectiva existens non ostendit quod anima sit composita ex materia et forma (I, q. LXXV, a. 5, ad 1).

culté en acte, l'intellect agent ; mais cette faculté ne contient pas en elle-même les représentations déterminées des choses : elle a de l'être subsistant en elle, mais elle n'a pas la forme déterminée de chaque être ; et son activité consiste à agir par influence sur les représentations imaginatives, dont elle fait des représentations intellectuelles qui se gravent dans l'intellect réceptif. Aussi, l'intellect agent n'est-il pas proprement notre faculté pensante, celle qui opère l'acte d'entendre les choses; il ne se connaît pas non plus lui-même : son existence cachée est affirmée comme nécessaire à l'explication de notre œuvre d'intelligence, et non pas comme aperçue par un regard intérieur ; ce qui montre que l'intellect agent n'est pas, dans la vie présente, une forme actualisant l'intellect réceptif, de manière à lui donner connaissance de l'actualité de l'entendement humain. La puissance active de l'entendement n'est vue ni par elle-même ni par la puissance réceptive qui l'accompagne.

C'est que, dans l'état actuel de notre âme, l'activité intellectuelle est tournée par impulsion native vers les réalités sensibles. Nous ne concevons la notion d'être et les principes qui en dérivent, que dans quelque forme sensible qui soit un exemple d'être ; nous ne pouvons penser ni faire suivre notre pensée par d'autres esprits d'hommes qu'en donnant à nos concepts quelque relief d'imagination.

Cette tendance première de notre esprit, uni au corps, à se porter vers l'image de ce qui est matériel, le rend incapable de voir directement son essence immatérielle, de se connaître immédiatement avant tout acte de connaître autre chose : il dirige d'abord son énergie vers le dehors, vers l'imagination qui lui offre quelque reproduction des sensibles au milieu desquels nous vivons ; et la première actualité qui détermine à quelque connaissance notre capacité intellective, est une similitude abstraite de ce qui est corporel.

Ainsi, l'entendement humain ne se connaît pas par sa propre essence : la faculté qui pense en lui, étant par nature simple potentialité, ne peut se connaître en cet état primitif ; car elle ne connaît d'abord que ce qui est en acte, et il lui est nécessaire d'être elle-même actualisée pour avoir quelque connaissance ; et la faculté active qui fait la lumière dans notre intelligence, a pour champ d'action le même domaine auquel s'étend notre réceptivité intellectuelle ; elle engendre, au moyen du sensible, une forme abstraite qui actualise l'entendement réceptif, elle n'est pas elle-même forme actualisante, et ne se regarde pas non plus elle-même, comme pourrait le faire un esprit entièrement séparé de tout corps (1).

Il est remarquable, en effet, que, d'après saint Thomas, les esprits purs sont intelligibles à eux-mêmes par leur propre substance : immatérialité absolue et intelligibilité, c'est tout un pour leur nature; aussi, leur substance même est forme actualisant immédiatement leur puissance intellective, si bien que c'est par le fond de leur être que ces esprits se connaissent dès qu'ils existent, sans intermédiaire comme sans délai (2).

(1) Sic igitur (intellectus humanus) in sua essentia consideratus se habet ut potentia intelligens ; unde ex seipso habet virtutem ut intelligat, non autem ut intelligatur, nisi secundum id quod fit actu.... Sed quia connaturale est intellectui nostro, secundum statum præsentis vitæ, quod ad materialia et sensibilia respiciat, sicut supra dictum est, consequens est ut sic seipsum intelligat intellectus noster, secundum quod fit actu per species a sensibilibus abstractas per lumen intellectus agentis, quod est actus ipsorum intelligibilium, et eis mediantibus intelligit intellectus possibilis. Non ergo per essentiam suam, sed per actum suum se cognoscit intellectus noster (I, q. LXXXVII, a. 1).

(2) Sic igitur et si aliquid in genere intelligibilium se habeat

Il n'en est pas ainsi de notre âme dans la vie présente : toute spirituelle qu'elle est, elle se trouve, par son incorporation à la matière, entraînée par le concret matériel, où elle doit puiser les éléments de ses notions abstraites, et ni sa substance ni l'essence de son entendement ne suffisent à lui découvrir son fond et ses facultés intellectives.

Mais saint Thomas nous annonce que, lorsque par la mort notre âme sera séparée de la matière corporelle, elle jouira de son intelligibilité, parce que désormais elle sera appelée à vivre plus directement de l'immatériel : alors son essence, par simple présence intime, deviendra forme actuelle de sa faculté de penser, et notre âme se verra clairement elle-même en elle-même (1).

II. — Aujourd'hui, il faut nous contenter de

---

ut forma intelligibilis subsistens, intelligit seipsum. Angelus autem, quum sit immaterialis, est quædam forma subsistens e per hoc intelligibilis actu. Unde sequitur quod per suam formam, quæ est sua substantia, seipsum intelligat (I, q. LVI, a. 1).

(1) Dictum est autem quod, quamdiu anima corpori est unita intelligit convertendo se ad phantasmata... Sed, quum fuerit a corpore separata, intelliget non convertendo se ad phantas-

nous voir par la même forme intelligible qui nous fait connaître une autre réalité. Aristote parait avoir déjà adopté cette explication ; car, après avoir rappelé que l'esprit, d'une certaine manière, est en puissance les intelligibles, mais aucun en acte, avant de penser ; il ajoute : « Et l'esprit lui-même est intelligible comme les intelligibles (1) ». Saint Thomas, du moins, a compris ainsi l'opinion d'Aristote, qu'il expose en ces termes dans son commentaire : « L'intellect *possible* est intelligible, non par son essence, mais par quelque forme intelligible, comme les autres intelligibles. Et Aristote le prouve par cette raison, que l'entendu en acte et l'entendant en acte sont une seule chose, comme il a dit précédemment que le sensible en acte et le sens en acte sont une seule chose… Donc, la forme de la réalité entendue en acte est forme de l'entendement lui-même ; et c'est ainsi que par elle celui-ci peut s'entendre lui-même » (2). C'est cette doctrine que saint Thomas

---

mata, sed ad ea quæ sunt secundum se intelligibilia : unde seipsam per seipsam intelliget (I, q. LXXXIX, a. 2).

(1) Περὶ ψυχῆς, III, IV (11, 12), Firmin-Didot.
(2) Dicit ergo primo quod intellectus possibilis est intelligibilis, non per suam essentiam, sed per aliquam speciem intelligibilem, sicut et alia intelligibilia. Quod probat ex hoc quod

a transporté dans sa *Somme théologique,* où il dit notamment : « Notre intellect *possible* ne peut avoir d'opération à l'égard des intelligibles, si ce n'est en tant qu'il est complété par la forme intelligible de quelque chose. Et ainsi il s'entend lui-même par une forme intelligible comme les autres choses. — L'entendement en acte est l'entendu en acte au moyen de la similitude de la réalité entendue, qui est forme de l'entendement en acte ; et voilà comment l'entendement humain, qui est fait en acte par la forme de la chose entendue, est entendu par cette même forme, comme par sa propre forme » (1).

Voici donc l'ordre de la connaissance proprement humaine : notre intelligence connaît d'abord son objet spécial, la nature abstraite d'une

intellectum in actu et intelligens in actu sunt unum, sicut supra dixit quod sensibile in actu et sensus in actu sunt unum... Species igitur rei intellectæ in actu est species ipsius intellectus ; et sic per eam seipsum intelligere potest (in III *de Anima,* lect. IX).

(1) Intellectus noster possibilis non potest habere intelligibilium operationem, nisi inquantum perficitur per speciem intelligibilem alicujus. Et sic intelligit seipsum per speciem intelligibilem, sicut et alia (I. q. XIV, a. 2, ad 3). — Intellectus in actu est intellectum in actu propter similitudinem rei intellectæ, quæ est forma intellectus in actu ; et ideo intellectus humanus, qui fit in actu per speciem rei intellectæ, per eamdem speciem intelligitur, sicut per formam suam (I, q. LXXXVII, a. 1, ad 3).

chose matérielle, à la suite de la perception des sens ; puis, elle fait retour sur elle-même, prend conscience de son opération intellectuelle, de son acte représentatif de la réalité extérieure sous un aspect absolu et universel, et dans cet acte elle se voit agir, elle voit même par là l'âme agissante, car l'âme est au cœur de l'acte intellectif, comme principe de la faculté qui le produit en se développant. Ainsi notre âme, en déployant sa force d'intelligence, s'aperçoit elle-même dans cette action qui la perfectionne, mais elle-même en tant qu'actuellement intelligente. Si elle était esprit pur ou esprit séparé de la matière, elle verrait tout d'abord sa substance et, du même regard, verrait en même temps l'acte par lequel elle considérerait les autres objets : apercevant la source, elle apercevrait par là même tout ce qui en découlerait. Mais maintenant, elle se connaît comme pensante, après avoir, par un mouvement premier et direct, connu l'objet naturel de sa pensée, une réalité existant dans la matière, mais conçue d'une façon intelligible (1).

(1) Etsi aliud sit in angelo, secun lum rationem, quod intelligat se intelligere et quod intelligat suam essentiam ; tamen simul et uno actu utrumque intelligit: quia hoc quod est intel-

La connaissance que nous donne ainsi de nous-mêmes la conscience intellectuelle, est une connaissance de fait : nous observons de cette manière que quelque chose de nous pense en nous ; c'est ce que chaque homme peut exprimer en disant : « J'ai une âme intelligente » ; ou en d'autres termes : « Je suis vivant de la vie intellectuelle ».

De là à connaître, de science précise, ce qu'est l'âme humaine dans sa nature substantielle, il y a encore loin ; nous n'y parvenons, suivant l'expression de saint Thomas, que par « une diligente et subtile recherche ». L'observation intérieure ne suffit pas pour nous apprendre ce que nous sommes ; il y faut joindre un raisonnement conduit avec délicatesse et pénétration, fondé à la fois sur les constatations de la conscience et sur les principes de la raison. C'est la métaphysique de la

---

ligere suam essentiam, est propria perfectio suæ essentiæ; simul autem et uno actu intelligitur res cum sua perfectione. Est autem alius intellectus, scilicet humanus, qui nec est suum intelligere, nec sui intelligere est objectum primum ipsa ejus essentia, sed aliquid extrinsecum, scilicet natura materialis rei. Et ideo id quod primo cognoscitur ab intellectu humano, est hujusmodi objectum ; et secundario cognoscitur ipse actus quo cognoscitur objectum ; et per actum cognoscitur ipse intellectus cujus est perfectio ipsum intelligere (I, q. LXXXVII, a. 3).

nature humaine qu'il s'agit de faire, et ce n'est pas un facile travail, si l'on en juge par les graves divergences des diverses philosophies sur ce point (1). Tout homme sait qu'il pense ; mais qui sait si la matière ne peut pas penser, ou bien si ce qui pense n'est pas nécessairement séparé de toute matière ? Qui sait si ce qui pense subsistera toujours, malgré la désagrégation des éléments du corps qui paraît l'envelopper ou le soutenir ? Ces problèmes et d'autres encore reçoivent des solutions contradictoires, depuis que les hommes veulent se rendre compte de ce qu'ils sont : c'est qu'il faut raisonner habilement pour découvrir l'essence de l'homme, et que, dès qu'il s'agit de raisonner, l'esprit humain peut être incapable, paresseux et sujet à erreur.

(1) Non ergo per essentiam suam, sed per actum suum se cognoscit intellectus noster. Et hoc dupliciter. Uno quidem modo particulariter, secundum quod Socrates vel Plato percipit se habere animam intellectivam ex hoc quod percipit se intelligere. Alio modo in universali, secundum quod naturam humanæ mentis ex actu intellectus consideramus.... Est autem differentia inter has duas cognitiones. Nam ad primam cognitionem de mente habendam sufficit ipsa mentis præsentia, quæ est principium actus, ex quo mentis percipit seipsam : et ideo dicitur se cognoscere per suam præsentiam. Sed ad secundam cognitionem de mente habendam non sufficit ejus præsentia, sed requiritur diligens et subtilis inquisitio. Unde et multi naturam animæ ignorant, et multi etiam circa naturam animæ erraverunt (I, q. LXXXVII, a. 1).

Ajoutons que, pour connaître la nature de notre âme, l'investigation rationnelle doit étudier non seulement les opérations des facultés intellectuelles, mais encore celles des puissances inférieures, sensitives et végétatives, et les rapports qui lient entre elles toutes les puissances de l'homme : étude ardue et compliquée, qui exige autant de perspicacité que de persévérante attention. — La conscience de nos actes est faite pour nous éclairer dans ce labeur, mais à la lumière de ses révélations notre intelligence doit unir les ressources de la raison, éclairée d'en haut par l'éternelle vérité. C'est ainsi que saint Thomas explique cette parole de saint Augustin : « Nous considérons l'inviolable vérité, qui nous apprend à définir, selon notre pouvoir, non quel est l'esprit de chaque homme, mais quel il doit être en vertu des raisons éternelles (1) ».

(1) Sed verum est quod judicium, et efficacia hujus cognitionis per quam naturam animæ cognoscimus, competit nobis secundum derivationem luminis intellectus nostri a veritate divina, in qua rationes omnium rerum continentur ; sicut supra dictum est. Unde Augustinus dicit in IX *de Trinitate*, cap. VI : *Intuemur inviolabilem veritatem, ex qua perfecte, quantum possumus, definimus, non qualis sit uniuscujusque hominis mens, sed qualis esse sempiternis rationibus debeat* (I, q. LXXXVII, a. 1).

II

MÉMOIRE INTELLECTUELLE.

I. — L'entendement peut se connaître lui-même et connaître l'âme intelligente en tant que réalités singulières, parce que ce sont des singuliers immatériels. — Constitution différente de l'individualité dans les choses matérielles et dans les réalités immatérielles. — Connaissance indirecte, par l'entendement, du singulier matériel.

II. — La mémoire, en tant que capacité de conserver des connaissances acquises, est dans l'entendement, parce que celui-ci est de nature stable et constante. Mais, quant à la connaissance d'un objet comme passé, la mémoire n'est pas dans le mouvement premier et direct de l'intelligence, car il a pour objet l'absolu, l'universel, le nécessaire, qui sont en dehors du temps ; mais la mémoire du passé est dans la conscience intellectuelle, qui connaît l'acte d'intelligence comme acte singulier produit dans le temps passé, présent ou futur.

I. — En prenant conscience de son opération intellectuelle, l'entendement se perçoit lui-même agissant, et ainsi notre âme intelligente arrive à se connaître comme existante et comme capable d'agir.

Mais voici tout de suite une difficulté. Comment notre entendement, dont l'objet est l'universel, peut-il se connaître lui-même comme singulier existant et agissant, et connaître notre âme comme singulière ? Car il est évident que chacun de nous est un singulier et que singulière est notre intelligence. N'y a-t-il pas, dans ce conflit entre l'universalité et la singularité de l'objet d'une même puissance, une contradiction qui dépare la philosophie de saint Thomas ?

Écoutons la réponse de saint Thomas lui-même : « Un singulier, dit-il, ne répugne pas à être entendu en tant qu'il est singulier, mais en tant qu'il est matériel ; parce que rien n'est entendu qu'immatériellement : et voilà pourquoi, s'il y a quelque chose de singulier et d'immatériel à la fois, comme est l'entendement, cela ne répugne pas à être entendu » (1).

Rien n'est entendu qu'immatériellement, au moyen d'une forme libre de matière et par cela même intelligible ; mais une telle forme est néanmoins le complément d'une puissance in-

---

(1) Singulare non repugnat intelligi inquantum est singulare, sed inquantum est materiale ; quia nihil intelligitur nisi immaterialiter : et ideo, si sit aliquid singulare et immateriale sicut est intellectus, hoc non repugnat intelligi (I, q. LXXXVI, a. 1, ad 3).

dividuelle, appartenant à un individu intelligent ; elle est donc individuelle elle-même : si son individualité n'est pas un obstacle à la connaissance universelle, c'est précisément parce que c'est une individualité immatérielle ; car, lorsqu'une forme qui détermine la connaissance est matériellement individuelle, c'est-à-dire complément d'une puissance dépendante de la matière, la connaissance est limitée nécessairement à des caractères individuels, particuliers, et ne peut s'étendre à l'universel : c'est ce qui arrive pour la représentation d'une réalité par les sens (1).

De même, la matérielle singularité d'une chose est incompatible pour nous avec la notion intellectuelle de cette chose, à moins qu'une activité supérieure ne soit venue spiritualiser cet objet, en faire une image immatérielle. Mais, lorsqu'un objet est immatériel par nature, ce n'est pas la singularité de son existence qui l'empêche d'être saisi tel qu'il est par l'intelligence (2).

(1) Individuatio intelligentis, aut speciei per quam intelligit, non excludit intelligentiam universalium : alioquin, quum intellectus separati sint quædam substantiæ subsistentes et per consequens particulares, non possent universalia intelligere. Sed materialitas cognoscentis, et speciei per quam cognoscitur, universalis cognitionem impedit (I, q. LXXVI, a. 2, ad 3).

(2) Singularium quæ sunt in rebus corporalibus, non est in-

Cette solution se rattache à la théorie fondamentale de saint Thomas sur l'*individuation*.

Il y a deux sortes d'individuels, ceux qui ont leur principe d'*individuation* dans la matière, et ceux qui sont individualisés par leur propre *subsistance* indépendante.

L'individualité, en effet, est le caractère de ce qui ne peut être en plusieurs. Or, la matière, premier support qui se tient au-dessous des formes substantielles ou accidentelles, dans les choses corporelles, dès qu'une de ces formes est reçue par elle, l'individualise, la retient et la rend incapable d'être en plusieurs : il peut y avoir dans la matière fragmentée plusieurs formes de même espèce ; mais cette forme qui est dans ce fragment matériel, ne peut être dans cet autre fragment ; chacune est dans chacun, et chacune est impuissante à être dans plusieurs.

D'autre part, il est des réalités qui ne sont point destinées par leur nature à être en quelque chose, mais qui subsistent en elles-mêmes : celles-là ont une impossibilité essentielle à être

---

-tellectus apud nos, non ratione singularitatis, sed ratione materiæ, quæ est in eis individuationis principium. Unde, si aliqua singularia sunt sine materia subsistentia, sicut sunt angeli, illa nihil prohibet intelligibilia esse actu (I, q. LVI, a. 1, ad 2).

en plusieurs, puisqu'elles n'ont à s'adjoindre à rien ; séparées de tout ce qui n'est pas elles, elles sont individuelles uniquement par l'actualité de leur *subsistance* ; l'individualité ne leur vient pas d'ailleurs (1).

En Dieu et dans les esprits purs, l'individualité n'est que l'*incommunicabilité* de leur subsistance (2). Quant à l'âme humaine, son individualité a rapport à cette matière-ci plutôt qu'à celle-là, puisqu'elle naît pour former ce corps vivant et non pas cet autre ; sa substance n'en est pas moins *subsistante* en elle-même, et peut vivre séparée du corps : pour constituer l'individu humain tout entier, la matière est un principe nécessaire et déterminant ; mais l'âme de cet homme possède une individualité indépendante, qu'elle conserve en dehors de la matière (3).

(1) Formæ quæ sunt receptibiles in materia, individuantur per materiam, quæ non potest esse in alio, quum sit primum subjectum substans ; forma vero, quantum est de se, nisi aliquid impediat, recipi potest a pluribus. Sed illa forma quæ non est receptibilis in materia, sed est per se subsistens, ex hoc ipso individuatur quod non potest recipi in alio (I, q. III, a. 2, ad 3).

(2) Individuum autem esse Deo competere non potest quantum ad hoc quod individuationis principium est materia, sed solum secundum quod importat incommunicabilitatem (I, q. XXIX, a. 3, ad 4).

(3) Licet anima intellectiva non habeat materiam ex qua sit,

Cette individualité, communiquée par notre âme à ses puissances supérieures, est connue par notre entendement, lorsqu'il prend conscience de son acte, parce que c'est une singularité indépendante de la matière : mais les singuliers matériels, notre intelligence ne les connaît-elle pas aussi de quelque manière ? Il le faut bien, ce semble, puisqu'elle compose des propositions où le singulier et l'universel sont unis l'un à l'autre, comme celle-ci : Socrate est homme. Pourrait-elle affirmer que cet individu corporel, Socrate, réalise en lui les caractères universels qui font l'homme, si elle ne pouvait voir ce singulier corporel en même temps que l'attribut universel, homme ?

Par son premier mouvement, l'intelligence va à l'absolu et à l'universel : c'est un tel objet que la forme intelligible la détermine à connaître. Mais, cet objet même, elle ne peut le voir que dans quelque image sensible, dans quelque représentation particulière : sans ce soutien

---

sicut nec angelus ; tamen est forma materiæ alicujus, quod angelo non convenit. Et ideo secundum divisionem materiæ sunt multæ animæ unius speciei... Multitudo animarum est secundum multitudinem corporum ; et tamen, destructis corporibus, remanent animæ in suo esse multiplicatæ (I, q. LXXVI, a 2, ad 1, ad 2).

imaginatif, le concept ne tient pas devant notre esprit. De cette façon, l'individuel sensible, à titre d'accompagnement nécessaire de l'universel entendu, devient objet accessoire et indirect de l'entendement. Voilà comment notre pensée atteint le singulier encore matériel dans l'imagination ; elle peut ainsi, dans un concept complexe, lier l'individu au genre ou à l'espèce, et constituer intelligiblement un jugement comme celui-ci : Socrate est homme (1).

Cependant, c'est par les facultés sensitives que proprement et premièrement sont saisis les singuliers matériels, et notre intelligence, malgré son pouvoir indirect de les atteindre, ne

---

(1) Singulare in rebus materialibus intellectus noster directe et primo cognoscere non potest. Cujus ratio est quia principium singularitatis in rebus materialibus est materia individualis ; intellectus autem noster, ut supra dictum est, intelligit abstrahendo speciem intelligibilem ab hujusmodi materia ; quod autem a materia individuali abstrahitur, est universale : unde intellectus noster directe non est cognoscitivus nisi singularium. Indirecte autem et quasi per quamdam reflexionem, potest cognoscere singulare, quia, sicut supra dictum est, etiam postquam species intelligibiles abstraxerit, non potest secundum eas actu intelligere nisi convertendo se ad phantasmata, in quibus species intelligibiles intelligit, ut dicitur in III *de Anima*. Sic igitur ipsum universale per speciem intelligibilem directe intelligit, indirecte autem singularia quorum sunt phantasmata ; et hoc modo format hanc propositionem: Socrates est homo (I, q. LXXXVI, a. 1).

dédaigne pas de se servir de la connaissance inférieure, comme d'un agent subordonné dont le travail lui est fort utile pour la construction de ses jugements et de ses argumentations. La raison particulière, qui est notre sens appréciatif, prête, nous le savons, son concours à la raison universelle : celle-là considère cet homme qui s'appelle Socrate, celle-ci la nature spécifique d'homme qui est dans ce Socrate ; et l'une et l'autre, opérant ensemble, mais par la motion et la direction de la raison universelle, organisent un raisonnement où le général et le singulier s'allient et s'entraînent, une série logique où une conclusion individuelle est la suite naturelle d'une proposition générale.

II. — Nous sommes maintenant en mesure d'aborder le problème de la mémoire intellectuelle, dont la solution devient assez facile.

La mémoire comprend deux actes : conservation d'une connaissance acquise ; évocation, sous la forme précise de chose passée, d'un objet déjà connu.

Pour ce qui est de la conservation, dans l'entendement, des formes intelligibles par lesquelles il a produit ses concepts, ses jugements, ses raisonnements, il est tout naturel d'admettre une mémoire intellectuelle. Les corps conservent bien, au moins pendant quelque temps, les qualités qui leur ont été imprimées : un corps chaud ne se refroidit point de suite. Pourquoi l'entendement « d'une nature plus stable et plus immobile que la matière corporelle » ne garderait-il pas les formes intelligibles qu'il a reçues, lors même qu'il n'en fait pas actuellement usage (1) ? La substance de l'entendement est permanente comme celle de l'âme qui la porte ; tout ce qui se pose en elle, est soutenu par cette permanence et tend à s'y conserver. L'opération intellectuelle est une action tout interne, qui perfectionne la puissance où elle est produite : la perfection ainsi acquise doit rester inhérente à cette puissance, à l'état de disposition intime, quand l'intelligence se repose.

(1) Quod enim recipitur in aliquo, recipitur in eo secundum modum recipientis : intellectus autem est magis stabilis naturæ et immobilis quam materia corporalis ; si ergo materia corporalis formas quas recipit non solum tenet dum per eas agit in actu, sed etiam postquam agere cessaverit, multo fortius intellectus immobiliter et inamissibiliter recipit species intelligibiles, sive a sensibilibus acceptas, sive etiam ab aliquo superiori intellectu effluxas. Sic igitur, si memoria accipitur solum pro vi conservativa specierum, oportet dicere memoriam esse in intellectiva parte (I, q. LXXIX, a. 6).

Et de fait, il est manifeste que des idées, d'abord clairement conçues, s'endorment, puis se réveillent dans le même esprit d'homme : ce sont bien les mêmes, ou du moins c'est la même conformation d'entendement qui les ramène à la lumière après un intervalle d'obscurité, car ce même esprit se reconnaît en elles et les nomme ses propres idées.

Ceci nous conduit à examiner dans quelle mesure l'intelligence peut saisir le passé en tant que passé : si elle est née pour l'absolu et l'universel, n'est-elle point au-dessus du temps, ne vit-elle pas d'immuable, et non de choses successives? Le présent succède au passé et l'avenir succède au présent : si notre intelligence peut concevoir son objet comme passé, elle pourra le concevoir aussi comme futur, et ainsi distribuer ses concepts dans la série du temps, dans le passé, dans le présent, puis dans l'avenir. Nos idées prendront ainsi un caractère relatif, limité à tel moment précis : n'est-ce point les dépouiller de la forme absolue, générale, immobile, que nous avons dû leur attribuer, qui est de leur essence ?

Ce que nous avons dit de la connaissance du singulier par notre entendement va nous aider à résoudre la difficulté.

Tout d'abord, il est certain que notre intelligence pose l'objet direct de son acte comme absolu, nécessaire, universel, par conséquent comme en dehors du temps. Seules, nos facultés sensitives ont des objets directs qui se meuvent dans le temps comme dans l'espace, c'est-à-dire qui ont la marque de la succession, du changement de lieu ou de la présence restreinte à cet endroit-ci, à ce moment-ci (1).

Cependant nous pouvons, par concomitance, porter indirectement notre pensée jusqu'à la particularité d'un temps précis, aussi bien qu'à la singularité d'un lieu déterminé, en considérant nos idées absolues et universelles comme réalisées dans les concrets singuliers. Il nous arrive, par exemple, de penser à la nature humaine incarnée dans cet homme que nous avons vu hier, et que nous jugeons plus ou moins bien doué des facultés qui constituent l'homme. Nous faisons alors une association d'intellectuel et de sensible, nous combinons la mémoire de

(1) Si vero de ratione memoriæ sit quod ejus objectum sit præteritum, ut præteritum, memoria in parte intellectiva non erit, sed sensitiva tantum, quæ est apprehensiva particularium ; præteritum enim, ut præteritum, quum significet esse sub determinato tempore, ad conditionem particularis pertinet. (I, q. LXXIX, a. 6).

l'individuel avec la notion de l'essence universelle, et l'intelligence étend son regard jusqu'à ce concret où l'universel se particularise.

Mais, par la conscience de ses actes, l'entendement n'est plus étranger au temps, car il se connaît comme ayant agi hier, comme agissant aujourd'hui, comme pouvant agir demain. Nous l'avons vu, en effet, l'acte d'intelligence est un singulier, aussi bien que la faculté intellective et que l'âme elle-même ; il peut donc se trouver dans le temps, dans le passé, le présent ou l'avenir ; et comme c'est un singulier immatériel, l'intelligence peut le connaître, et le connaître avec la singularité qui le caractérise, avec son actualité passée, présente ou future (1).

(1) Ex parte vero actus præteriti ò per se accipi potest etiam in intellectu, sicut in sensu : quia intelligere animæ nostræ est quidam particularis actus, in hoc vel in illo tempore existens.; secundum quod dicitur homo intelligere nunc, vel heri, vel cras. Et hoc non repugnat intellectualitati : quia hujusmodi intelligere, quamvis sit quoddam particulare, tamen est immaterialis actus, ut supra de intellectu dictum est ; et ideo, sicut intelligit seipsum intellectus, quamvis ipse sit quidam singularis intellectus, ita intelligit suum intelligere, quod est singularis actus, vel in præterito, vel in præsenti, vel in futuro existens. Sic igitur salvatur ratio memoriæ quantum ad hoc quod est præteritorum, in intellectu, secundum quod intelligit se

Ainsi donc, la mémoire tout entière, capacité de conservation, souvenir d'antériorité dans le temps, appartient à notre entendement, tout destiné qu'il est à se nourrir d'universel et de nécessaire.

Cette étude nous a révélé en nous-mêmes la coexistence de l'immobile et du successif. L'objet propre de notre intelligence est absolu ; nous pensons ce qui ne peut pas ne pas être ; mais nos actes intellectuels viennent l'un après l'autre, et nous les saisissons comme se succédant, par notre conscience et notre mémoire intellectuelles.

Dieu seul est parfaitement immuable dans l'éternité toute simultanée de tout son être. L'objet direct de l'intelligence montre, par son caractère absolu, que les substances intellectives, et notre âme en est une, ont un fond immobile et par là touchent à l'éternité ; mais leurs opérations et leurs affections sont dans le temps, puisqu'elles se succèdent l'une à l'autre. Il est vrai que cette succession est indéfinie dans l'avenir, puisque ce qui pense est immortel et

---

prius intellexisse, non autem secundum quod intelligit præteritum prout est hic et nunc (I, q. LXXIX, a. 6, ad 2).

pourra toujours penser ; mais cette mobilité sans fin n'est pas vraiment de l'éternité : elle est seulement une image amoindrie de l'immobilité éternelle dont jouit l'Être divin.

Nous arrêterons là nos entretiens sur la connaissance, d'après saint Thomas. L'année prochaine, je me propose de traiter des passions et de la volonté. Les trois premières années de ce cours libre de philosophie formeront un ensemble dont vous pouvez dès à présent apprécier l'ordonnance : au début, la nature humaine, c'est-à-dire la constitution de l'être humain, mise en parallèle avec celle des autres êtres ; puis, la connaissance par les sens et par l'entendement ; enfin, l'inclination au bien, sous les formes distinctes des appétits passionnels et de la volonté. Être, connaître, aimer : ainsi, pourrait-on dire, se déroulera l'image que nous portons en nous, de la Trinité divine : Père, Fils et Saint-Esprit.

TABLE DES MATIÈRES

I

LA THÉORIE DE LA CONNAISSANCE

INTRODUCTION.

Portée de ce cours libre de philosophie. — Sujet des leçons de cette année. — Cette leçon préliminaire 1° rappellera les conclusions précédentes, 2° y rattachera la théorie de la connaissance. 3

I

DIEU, L'UNIVERS ET L'HOMME.

I. — Matière et forme. — Êtres matériels et êtres immatériels. — Dieu, Être absolu et parfait. — L'esprit pur, l'homme, l'animal, la plante, les corps inorganiques. — II. — Conclusions contre l'hégélianisme, l'évolutionnisme, le matérialisme, le spiritualisme exagéré . . . 5

II

LA CONNAISSANCE.

I. — Moins un être est matériel, plus il est connaissant. — Application de ce principe à Dieu, à l'esprit pur, à l'homme, à l'animal. — II. — Description sommaire de la manière dont se forme la connaissance chez l'homme . 13

II

LES SENS EXTERNES

INTRODUCTION.

Toute connaissance, et particulièrement la connaissance sensible, implique une assimilation du connaissant au connu 23

I

L'ASSIMILATION.

I. — Origine de la théorie de l'assimilation : Empédocle, Platon, Aristote; saint Thomas. — II. — Premières idées des choses dans l'essence divine. — Similitudes des choses dans les créatures douées de connaissance. — La forme du connu est l'acte même de la puissance de connaître : l'objet est connu par représentation 25

II

LES SENS EXTERNES.

I. — L'assimilation dans les sens externes. — La modification spirituelle et la modification physique. — Le composé de puissance sensitive et d'organe corporel. — Le sens reçoit la forme sensible sans la matière. — II. — Formation initiale de la sensation dans la vue, l'ouïe, l'odorat, le goût, le toucher : milieu et organe pour chacun de ces sens. — Le toucher est le fondement des autres sens externes ; son rapport avec la perfection de la sensibilité et de l'intelligence 37

III

LES SENS INTERNES

INTRODUCTION.

Progrès de la connaissance dans les sens internes . . . 59

I

LE SENS CENTRAL.

I.—Double objet du sens central : 1º il prend conscience de la sensation externe ; 2º il distingue et groupe les objets des sens particuliers. — Ce double rôle vient de ce qu'il est la racine commune des sens externes. — II. — Le sens central n'est pas spécialement chargé de connaître les *sensibles communs* : grandeur, figure, nombre, mouvement, repos. — Comment ces sensibles sont connus par les sens particuliers. — III. — Organe du sens central. — Organes intérieurs des sens externes . . . 61

II

L'IMAGINATION, LE SENS APPRÉCIATIF, LA MÉMOIRE.

I. — L'imagination conserve et rappelle les données des autres sens. — L'imagination de l'homme a une initiative créatrice que n'a pas celle de l'animal.—Organe de l'imagination. — II. — Supériorité du sens appréciatif de l'homme sur celui de l'animal. — Chez l'homme, ce sens mérite d'être appelé raison particulière. — Organe du sens appréciatif. — III. — Rôle de la mémoire sensitive. — Supériorité de cette puissance chez l'homme. — Son organe 77

IV

L'OBJECTIVITÉ DE LA SENSATION

INTRODUCTION.

Le problème de l'objectivité de la sensation comprend deux questions : 1° Existe-t-il au dehors un objet sensible ? 2° Cet objet est-il conforme à la représentation donnée par le sens ? 97

I

L'OBJET SENSIBLE.

I.—Critique de l'opinion qui croit pouvoir prouver l'existence de l'objet extérieur par la théorie aristotélicienne de l'unité d'acte entre l'agent et le patient. — II. — Preuve par la véracité naturelle de nos facultés. — La perception extérieure est-elle une hallucination vraie ? comme dit Taine 99

II

CONFORMITÉ DE LA SENSATION A L'OBJET EXTÉRIEUR.

I. — La perception extérieure, d'après saint Thomas, est plus exacte pour les sensibles propres que pour les sensibles communs et les sensibles par accident.— II. — Pour les sensibles propres, la sensation est-elle entièrement conforme à l'objet extérieur?— Descartes, Bossuet, Berkeley, Kant, Leibniz, saint Thomas. — Exposé d'une opinion moyenne. — III. — Existence réelle de l'étendue, base principale des sensibles communs. — Réponse à l'objection fondée sur la divisibilité indéfinie de l'étendue. . . . 117

V

L'ENTENDEMENT HUMAIN

INTRODUCTION.

La connaissance par les sens est la préparation de la connaissance intellectuelle 137

I

LES DEUX FACULTÉS DE L'ENTENDEMENT.

I. — Caractère potentiel de l'intelligence humaine : l'*intellect possible* ou entendement réceptif. — II. — Nécessité d'une autre faculté dans l'entendement humain, d'une faculté active ou *intellect agent*, pour donner à la connaissance une forme absolue et universelle. — III. — En quel sens peut-on dire que l'intelligence sépare la nature universelle des caractères individuels et particuliers ? 139

II

L'ENTENDEMENT ACTIF.

I. — Description de l'influence qu'exerce l'entendement actif sur l'élaboration de la pensée. — Illumination des représentations fournies par l'imagination. — Génération des formes intelligibles par l'abstraction. — II. — Il ne suffirait pas, pour transformer ainsi notre connaissance, qu'une intelligence supérieure agît sur nous du dehors. — Conception du verbe intellectuel et considération de l'intelligible. — III. — Nature de l'entendement actif. —

Qu'est-ce que la lumière intellectuelle ? — C'est parce qu'il est immatériel que l'entendement actif peut immatérialiser et universaliser la connaissance : c'est son immatérialité qui est le fondement de sa participation à la lumière divine 152

VI

L'INTELLIGENCE DES PRINCIPES

INTRODUCTION.

L'entendement, après la conception des premières formes intelligibles, applique sa lumière intellectuelle à la formation des principes rationnels 171

I

CONNAISSANCE DES PRINCIPES.

I. — Les principes sont des points fixes, d'où part le mouvement de la raison. — Ce sont des jugements évidents par la connaissance des termes qui les composent. — II. — Le raisonnement humain est un procédé de connaissance moins parfait que l'intuition par les esprits purs des conséquences dans les principes mêmes. Dieu a une connaissance encore plus éminente : il voit tout en lui-même, parce qu'il est lui-même le principe de tout. — III. — La disposition habituelle de l'esprit humain aux principes. Les esprits purs ont-ils une pareille disposition ? 174

II

GÉNÉRATION DES PRINCIPES.

I.— Le principe d'identité ou de contradiction est inclus dans d'autres principes considérés comme premiers.— II. —Formation du principe d'identité au moyen de la notion d'être, par la coopération de notre entendement et de nos puissances sensitives. — III. — Formation des principes dérivés du principe d'identité : naissance de la disposition habituelle aux principes. — IV. — Rôle de notre lumière intellectuelle dans la génération des principes, par opposition à l'hypothèse inadmissible de la vision en Dieu . . 186

VII

LES PRINCIPES RATIONNELS

INTRODUCTION.

Différence entre la théorie de Leibniz et celle de saint Thomas sur l'origine des idées et des principes. — Tous les principes sont-ils analytiques ? 205

I

PRINCIPES DE LA RAISON SPÉCULATIVE.

I. — Les deux principes fondamentaux de la raison spéculative : le principe d'identité ou de contradiction et le principe de raison suffisante.— II. — Comment le principe de raison suffisante se rattache au principe d'identité ou de contradiction. 209

II

PRINCIPES DE LA RAISON PRATIQUE.

I. — L'entendement spéculatif et l'entendement pratique. — Le premier principe de la raison pratique repose sur l'idée du bien, comme le premier principe de la raison spéculative sur l'idée de l'être. — II. — L'obligation morale nous apparaît par la même lumière intellectuelle que les vérités spéculatives : il appartient à la raison de poser les règles de la morale naturelle 221

VIII

LE RAISONNEMENT

INTRODUCTION.

La raison découvre la vérité par un double raisonnement : par la déduction elle va du général au particulier ; par l'induction, du particulier au général. 233

I

LA DÉDUCTION.

I. — D'où la déduction tire-t-elle sa force démonstrative ? — La généralité dont elle affirme ou nie un caractère, n'est pas une totalité dont fasse simplement partie le sujet particulier auquel la conclusion attribue ou refuse le même caractère ; c'est un universel abstrait qui se réalise en ce sujet particulier. — II. — L'universel sert de terme moyen dans le raisonnement déductif. — Ce raisonnement engendre une connaissance nouvelle. 235

II

L'INDUCTION.

I. — Légitimité de l'induction, par laquelle la raison va du particulier au général. — Description du procédé inductif : il se justifie par la spontanéité et les principes fondamentaux de l'entendement. — II. — Le sens saisit à sa manière l'universel : explication, d'après saint Thomas, de cette assertion d'Aristote. 248

IX

CONSCIENCE ET MÉMOIRE INTELLECTUELLES

INTRODUCTION.

Connaissance, par l'intelligence, de l'intelligence elle-même et de l'âme intelligente. — Les actes intellectuels sont-ils connus par l'intelligence comme distribués dans les moments successifs du temps ? 265

I

CONSCIENCE INTELLECTUELLE.

I. — Comparaison entre la puissance réceptive de l'entendement et la matière première : malgré l'analogie entre ces deux potentialités, l'entendement est tout immatériel. — La potentialité de l'entendement réceptif et la tendance naturelle de l'entendement actif à se porter vers le sensible nous rendent impossible, dans la vie présente, la connaissance immédiate de notre entendement et de notre âme par leur essence. — II. — La même forme intelligible qui nous fait connaître une autre réalité, détermine notre entendement à connaître, par son acte, et l'entendement et l'âme intelligente. — Mais ce n'est d'abord qu'une connaissance de fait. — Pour acquérir la science de la nature de l'âme et de ses facultés, il faut une investigation rationnelle, éclairée par les premiers principes 267

II

MÉMOIRE INTELLECTUELLE.

I. — L'entendement peut se connaître lui-même et connaître l'âme intelligente en tant que réalités singulières, parce que ce sont des singuliers immatériels. — Constitution différente de l'individualité dans les choses matérielles et dans les réalités immatérielles. — Connaissance indirecte, par l'entendement, du singulier matériel. — II. — La mémoire, en tant que capacité de conserver des connaissances acquises, est dans l'entendement, parce que celui-ci est de nature stable et constante. Mais, quant à la connaissance d'un objet comme passé, la mémoire n'est pas dans le mouvement premier et direct de l'intelligence, car il a pour objet l'absolu, l'universel, le nécessaire, qui sont en dehors du temps ; mais la mémoire du passé est dans la conscience intellectuelle, qui connaît l'acte d'intelligence comme acte singulier produit dans le temps passé, présent ou futur 280

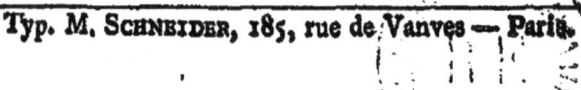

Typ. M. Schneider, 185, rue de Vanves — Paris.

Original en couleur

NF Z 43-120-8

www.ingramcontent.com/pod-product-compliance
Lightning Source LLC
Chambersburg PA
CBHW071603170426
43196CB00033B/1592